彼得原理
The Peter Principle

华章经典 · 管理

Laurence J. Peter

〔美〕劳伦斯 J. 彼得 著
雷蒙德·赫尔

阎佳 司茹 译

图书在版编目（CIP）数据

彼得原理（珍藏版）/（美）彼得（Peter, L. J.），（美）赫尔（Hull, R.）著；闾佳，司茹译. —北京：机械工业出版社，2013.4（2022.8重印）

（华章经典·管理）

书名原文：The Peter Principle

ISBN 978-7-111-41900-6

I. 彼… II. ①彼… ②赫… ③闾… ④司… III. 管理学-通俗读物 IV. C93-49

中国版本图书馆CIP数据核字（2013）第057069号

版权所有·侵权必究
封底无防伪标均为盗版

北京市版权局著作权合同登记　图字：01-2006-4277号。

Laurence J. Peter, Raymond Hull. The Peter Principle.

Copyright © 1969 by William Morrow & Co., Inc. Published by arrangement with William Morrow & Co.

No part of this book may be reproduced or transmitted in any form or by any means, electronic or mechanical, including photocopying, recording or any information storage and retrieval system, without permission, in writing, from the publisher. This edition is authorized for sale in the Chinese mainland (excluding Hong Kong SAR, Macao SAR and Taiwan).

All rights reserved.

本书中文简体字版由William Morrow & Co. 授权机械工业出版社在中国大陆地区（不包括香港、澳门特别行政区及台湾地区）独家出版发行。未经出版者书面许可，不得以任何方式抄袭、复制或节录本书中的任何部分。

机械工业出版社（北京市西城区百万庄大街22号　邮政编码　100037）
责任编辑：张　昕　　　　版式设计：刘永青
三河市国英印务有限公司印刷
2022年8月第1版第18次印刷
170mm×242mm · 9.75印张
标准书号：ISBN 978-7-111-41900-6
定　　价：59.00元

客服电话：（010）88361066　88379833　68326294　投稿热线：（010）88379007
华章网站：www.hzbook.com　　　　　　　　　　　读者信箱：hzjg@hzbook.com

丛书赞誉

任何一门学问，如果割断了与自身历史的联系，就只能成为一个临时的避难所，而不再是一座宏伟的城堡。在这套管理经典系列里，我们可以追本溯源，也依然可以欣赏到对现代管理有着基础支撑作用的管理思想、智慧和理论。大师的伟大、经典的重要均无须介绍，而我们面对的经典内容如此丰富多彩，再美的语言也难以精确刻画，只有靠读者自己去学习、去感悟、去思考、去探寻其真谛和智慧。

西安交通大学副校长　席酉民

当我们企业在强调细节管理、有效执行的时候，实际上也是在强调对工作的分析和研究。当我们在强调劳资合作的时候，也就是强调用科学的方法研究工作，将蛋糕做大，从而双方都能共同获益。最原始的思想往往也是最充满智慧、纯粹和核心的思想。

南京大学商学院院长、教授、博士生导师　赵曙明

现代管理学的形成和发展源于相关人文社会科学学者对组织、组织中的人和组织管理实践的研究。如果我们能够转过身去，打开书架，重新看看这些著名学者的经典作品，我们就会发现摆在我们面前的多数当代管理书籍好像迷失了点什么——对管理本质和实践的理解，感叹它们的作者们好像缺少了点什么——扎实的理论功底和丰富的实践经验。

华南理工大学中国企业战略研究中心主任、教授、博士生导师　蓝海林

把管理作为一项可以实验的科学，是一个具有开拓性的思考者和实践者留下的宝贵精神财富。伴随科技进步和生产工具手段的变化，追求管理科学性的努力从此生生不息，成为人类文明的一道亮丽的风景线。

复旦大学企业研究所所长　　张晖明

管理百年，经典有限，思想无疆，指引永远。经典，是经过历史检验的学术精华，是人类精神理性的科学凝练，是大师级学人回应重大现实问题的智慧结晶。希望青年学子能够积淀历史，直面现实读经典，希望年轻学人戒骄戒躁像大师一样做真学问，代代传承出经典。

北京师范大学人本发展与管理研究中心主任　　李宝元

西蒙作为"管理决策理论"的创始人，独步经济世界与管理王国，堪称奇才，其著作《管理行为》提出的"有限理性"观点为后人做出了"无限贡献"。

南京理工大学教授、博士生导师　　徐光华

该丛书是管理学科的经典著作，将为读者提供系统的管理基础理论和方法。

武汉理工大学管理科学与工程系主任、教授、博士生导师　　云俊

出版说明
The Publisher's Words

自从1911年弗雷德里克·泰勒的《科学管理原理》出版至今，漫长的管理历程中不断涌现出灿若星河的经典之作。它们在管理的天空中辉映着耀眼的光芒，如北极星般指引着管理者们不断前行。这些书籍之所以被称为管理经典，是因为在近百年的管理实践中，不管外界环境如何变迁，科学技术生产力如何发展，它们提出的管理问题依然存在，它们总结的管理经验依然有益，它们研究的管理逻辑依然普遍，它们创造的管理方法依然有效。

中国的管理学习者对于管理经典可以说是耳熟能详，但鉴于出版时间的久远、零乱和翻译的局限，很多时候只能望书名而兴叹。"华章经典·管理"丛书此次推出，不仅进行了系列的出版安排，而且全部重新翻译，并统一装帧设计，望能为管理学界提供一套便于学习的精良读本。

中国的管理实践者身处的内外环境是变化的，面对的技术工具是先进的，接触的理论方法是多样的，面临的企业增长是快速的，管理者几乎没有试错的时间。那么要如何提升自己的管理水平，才能使自己在竞争中立于不败之地？最好的方法就是找到基本的管理理论。管理经典就如一盏明灯，既是最基本的管理，也是更高的管理。因此阅读这套丛书对管理实践者来说，正可谓受益良多。

"华章经典·管理"系列丛书追求与时俱进。一方面，从古典管理理论起，至当代管理思想止，我们选取对中国的管理实践者和学习者仍然有益的著作，进行原汁原味的翻译，并请专业译者加强对管理术语的关注，确保译文的流畅性和专业性。另一方面，结合中国的管理现状，我们邀请来自企业界、教育界、传媒界的专家对这些著作进行最新的解读。

这些工作也远非凭华章一己之力可以完成，本套丛书得到了各界专家的支持与帮助，在此一并感谢：

包　政	陈春花	陈佳贵	冯　仑	黄群慧	李新春
李　政	罗　珉	马风才	彭志强	邵明路	石晓军
王以华	王永贵	吴伯凡	吴晓波	席酉民	肖知兴
邢以群	颜杰华	杨　斌	张瑞敏	赵曙明	

"华章经管"自创设以来，一直致力于为中国读者提供世界管理图书的阅读价值，以知识促进中国企业的成长。"华章经典•管理"系列丛书秉承这一理念，精心编辑，诚意打造。仅盼这套丛书能借大师经典之名，为更多管理实践者和学习者创造出更为有效的价值。若您确有收获，那么作为经管出版人，心下慰矣。

目录

丛书赞誉
出版说明
总　　序　席酉民
译 者 序
前　　言

第1章　彼得原理 // 1

第2章　彼得原理的应用 // 9

第3章　表面上的例外 // 16

第4章　提拔和晋升 // 29

第5章　奋发进取和晋升 // 34

第6章　部下与领导者 // 39

第7章　层级组织学和政治 // 44

第8章　前人的暗示和预言 // 52

第9章　层级组织心理学 // 61

第10章　彼得螺旋 // 71

第11章　成功病理学 // 75

第12章　晋升极限的非医学指标 // 83

第13章　零晋升的健康和快乐——

　　　　幻想还是现实 // 93

第14章　创造性不胜任 // 101

第15章　达尔文理论的引申 // 110

术语表　// 124

总 序
Foreword

学习管理　感悟管理　演练管理　享受管理

如今，市场上经管类图书可以说琳琅满目、鱼龙混杂，时髦的名词和概念一浪接一浪滚滚而来，不断从一个新理念转到另一个新理念，传播给大众的管理概念和口号不断翻新，读者的阅读成本和选择成本不断上升。在这个浮躁的社会时期，出版商有时提供给读者的不再是精神食粮，而是噪声和思维杂质，常常使希望阅读、学习和提升的管理者无所适从，找不到精神归依。任何一门学问，如果割断了与自身历史的联系，就只能成为一个临时的避难所，而不再是一座宏伟的城堡。

针对这种情况，机械工业出版社号召大家回归经典，阅读经典，并以身作则，出版了这套华章经典系列，分设3个子系——管理、金融投资和经济。

"华章经典·管理"系列第一批将推出泰勒、法约尔和福列特的作品，后续将会穿越现代管理丛林，收录巴纳德、马斯洛、列维特、明茨伯格、西蒙和马奇等各种流派的管理大师的作品。同时，也将收录少量对管理实践有过重要推动作用的实用管理方法。

作为管理研究战线的一员，我为此而感到高兴，也为受邀给该系列作序而感到荣幸！随着经济全球化和知识经济的到来，知识的更新速度迅速提升，特别是管理知识更是日新月异，丰富多彩。我们知道，大部分自然科学的原理不会随时间变化而失效。但因管理的许多知识与环境和管理情境有关，可能会随着时间和管理情境的变迁而失去价值。于是，人们不禁要问：管理经典系列的出版是否还有现实意义？坦率地讲，许多贴有流行标签的管理理论或方法，可能会因时间和环境的变化而失去现实价值，但类似于自然科学和经济学，管理的知识也有其基本原理和经典理论，这些东西并不会随时间的流逝而失效。另外，正是由于管理有许多与情境和人有关的理论、感悟、智慧的结晶、哲学的思考，因此反倒会随着历史的积淀和经历的丰富而不断发展和深化，绽放出更富历史感、更富真知的光彩。换句话说，不少创造经典的大师可能已经走了，但其思想和智慧还活着！不少浮华的流行概念和观点死了，但其背后的经典还闪闪发光！在这套管理经典系列里，我们可以追本溯源，也依然可以欣赏到对现代管理有着基础支撑作用的管理思想、智慧和理论。

观察丰富多彩的管理实践，不难发现：有的企业家、管理者忙得焦头烂额，被事务困扰得痛苦不堪，结果事业做得还不好；有的企业家、管理者却显得轻松自如、潇洒飘逸、举重若轻，而且事业也红红火火、蒸蒸日上。是什么使他们的行为大相径庭，结果天壤有别？一般的回答是能力差异。我不否认人和人之间的能力有差别，但更想强调能力背后的心态、思维方式、理念问题，即怎样看待管理？怎样面对问题？怎样定位人生？管理因与人有关，始终处于一种动态的竞争和博弈的环境下，因而管理永远都是复杂的、富于挑战的活动。要做好管理，成为优秀的企业家和管理者，除了我们经常挂在嘴边的许多素质和技能外，我认为最重要的是管理的热情，即首先要热爱管理，将管理视为自己生存和生活不可分割的一部分，去体验管理和享受管理。其次，管理永远与问题和挑战相伴。我经常讲，没有一个企业或单位没有问题，管理问题就像海边的礁石，企业运行状况良好时，问题被掩盖了；企业运行状况恶化时，所有的问题就都暴露出来了。实际上涨潮时最容易解决问题，但此时也最容易忽视问题，等退潮时问题都出来了，解决问题的最好时机也过去了。面对管理问题，高手似乎总能抓住少数几个关键问题，显得举重若轻，大量小问题也会随着大问题的解决而消失。而低手却经常认认真真地面对所有问题，深陷于问题网中，结果耽误了大事。人生的价值在于不断战胜自我，征服一次管理难题，实际上不仅是人生的一种体验，更是对自己能力的一次检验。若能这样看问题，迎接管理挑战就不再是一种痛苦，而成为一种愉悦的人生享受。因此，从管理现实中我们也能体会到，管理的有效性和真正驾驭需要管理知识、艺术、经验和智慧的综合运用。

高水平的管理有点像表演杂技，杂技演员高难度的技艺在常人看来很神奇，但这些令人眼花缭乱的表演实际上是建立在科学规律和演员根据自身特点及能力对其创造性地运用上。管理的神奇也主要体现在管理者根据自身特点、能力以及其组织和环境的情况，对基本管理原理的创造性应用上。

因为"管理是管理者的生活"，我经常劝告管理者要"享受管理"，而要想真正做到，除了正确的态度和高尚的境界外，还需要领悟管理的真谛；而要真正领悟管理的真谛，就需要学习掌握管理的基本知识和基本技能。当然管理知识的来源有直接和间接之分，直接知识是通过自己亲身体验领悟而来，这样做过程太长；间接知识是通过学习或培训取得，这样过程较短，成效较快，两者相辅相成。

管理知识浩如烟海，管理技术和技能多如牛毛，而且随着时代和环境以及文化的变化，同一种知识和技能的应用还有很强的环境依赖性，这就使管理知识的学习变得很难把握，许多人不知道看什么样的书，有的人看完书或听完课后的体会是当时明白了，也听懂了，但仍不知道怎样管理！实际上管理的学习同经济学、自然科学等一样，首先在于掌握基本的思想和方法论。管理面对的是实际的企业、组织和人，一般规律对他们有用，但他们往往也有独特性，这也使管理具有科学、艺术、实务、思想等多种属性，所以不能僵化地看待管理知识，在理解和运用管理知识时一定要注意其使用对象的特殊性。其次，管理者手中能够应用的武器有两方面：科学的、带有普遍性的技术、方法，以及与人有关的随情况变化的涉及心理和行为的具有艺术特色的知识和经验。前者容易通过书本学习，后者则要通过实践或案例教学学习和体会。再次，管理重在明确目标以及其后围绕目标选择最佳或最满意的路径，而完成这一任务除了高瞻远瞩、运筹帷幄的能力以及丰富的知识和经验外，最基本的是要学会和善用成本效益分析工具。最后，所谓"三人行必有我师"，无论成功与失败，任何管理实践中都蕴涵着知识和经验，所以，对于管理来说，处处留心皆学问。要增加自己的管理知识和丰富自己的管理经验，就要善于观察组织及人的行为和实践活动，勤于思考和提炼，日积月累也是重要途径。

有人形象地比喻，管理类似下棋，基本的管理知识类似于对弈的基本规则，各种管理技能和成功的管理实践类似于总结出的各种棋谱，而实际的管理则由这些基本规则、各种棋谱演变出更加丰富多彩、变幻莫测的局势。水平接近者的比赛，赛前谁也难以确定局势的变化和输赢的结果。因此，管理的学习在于基本知识和基本技能，而要演化出神奇的管理实践需在此基础上去感悟、去享受！

实际上管理活动本身犹如一匹烈马、一架难以控制的飞机，要想驰向发展的愿景，飞向成功的辉煌未来，不仅要享受奔驰中飘逸的快感和飞翔时鸟瞰世界的心旷神怡，而且要享受成功后的收获，因此必须设法"驾驭"好管理。

我陪人练习驾车时曾深有体会地告诉驾驶者，开车的最高境界是用心，而不是动用身体，要把车当做你身体功能的一种延伸，使车与你融为一体，然后在你心神的指挥下，心到车到。"管理"这匹烈马或复杂难控的飞机何尝不是如此，它也是人类、领导者、管理者的功能的一种延伸、一种放大器，而要真正享受它和使它发挥功效，必须娴熟且到位地驾驭它。面对种种复杂的管理，更需要用心驾驭。

这里，作为序我没有对经典系列本身给予太多介绍，只重点谈了如何学习管理，提升管理水平，最后达到享受管理。这是因为，大师的伟大、经典的重要均无须介绍，而我们面对的经典内容如此丰富多彩，再美的语言也难以精确刻画，只有靠读者自己去学习、去感悟、去思考、去探寻其真谛和智慧，我只是提供了我自认为研究和实践管理的途径和境界，希望这些文字有助于读者对管理的阅读、理解和思考！

席酉民博士

西安交通大学

译者序
The Translator's Words

《彼得原理》是一本"老"书，1969年初版；也是一本小书，短短10万字而已。但读者应知，在管理学界，一本1969年的薄薄小册子，能挨过四十几个年头，时至今日仍可再版，那就绝不可等闲视之。那么，这本书到底有些什么特别之处呢？

译者愿替作者试答：黑色幽默。

按字典的解释，所谓原理，是指普遍或基本的规律，如最最经典的几何原理。本书虽名为《彼得原理》，但此原理非彼原理，反倒是一套似是而非的黑色幽默。作者虽然拼命绷着脸作严肃状，暗地却早已笑断了肚肠。可要芸芸众生理解冷面热肠的幽默，难度不小，一开始，人们甚至根本不知道该以何种态度来看待这部作品。且看作者曾在初版自序中"无奈"道："最后定稿被交付给几家大出版社的编辑，第一位编辑退稿时附函声明，'我们看不出此书有任何赢利可能，因此无法鼓励你继续写下去。'下一位编辑写道，'阁下不该以如此轻松的笔调讨论这么严肃的主题。'另一位建议，'假如你写的是喜剧，就不该涵盖那么多悲剧案例研究。'又一名说道，'假如你决心把它重写成诙谐的作品或是严肃的科学论述，我会重新考虑出版此书。'一连十四封拒绝通知函接踵而来。"

较之美国人，我们中国人有另一种幽默感。我在谷歌和百度上搜索，不少地方都把《彼得原理》当成管理学上的经典原理，一板一眼地郑重介绍。也难怪，管理学是个舶来品，更何况名为"原理"的东西，岂敢掉以轻心呢，必须严肃，严肃，再严肃。这种以严肃对幽默的劲头，按苏珊·桑塔格（Susan Sontag）的说法，实在是"坎普"的至高境界哩。

以译者浅见，《彼得原理》和《第二十二条军规》一样，本就是个圈套，若被它套进去了，那就保证跳不出来。不信，你就用书里提到的条条款款对照一下现实生活。瞧这一句，"在层级组织中，每一个员工都有可能晋升到不胜任阶层"，说得对极了；"每一个职位最终都会由对工作不胜任的员工把持"，嘿嘿，正是如此。很好，读者先生（或女士），恭喜，你已经被套进去了。

以"套中人"的眼界看来，我们会觉得《彼得原理》根本是组织中人无法摆脱的噩梦。作者在书中提到的"药方"，似乎不具什么可行性。试想，回避晋升，那不是故意跟钱过不去吗？在我们这个发展中国家，跟钱过不去，那肯定是你的错。退一万步说，即便你真的愿意跟钱过不去，吃大亏的也是你：不晋升，那下岗、被炒鱿鱼，坏事回回都找上你。

这样一看，就很令人忧心忡忡。难道我们只有这样两个下场：要么在不胜任的职位上终老，要么沦为"弱势群体"？在 1969 年，的确如此。原因无他，那是一个大型组织盛行的年代。而一旦进入组织，我们的发展就只能是纵向的——往上，或者往下。但现在是 21 世纪，大型组织不再是我们的唯一选择，相反，多方位发展的机会越来越多（当然，大型组织仍然有大型组织的好处，在中国，谁不羡慕电信、石油企业的高工资、高待遇、高福利呢）。这就好像《第二十二条军规》的主人公约瑟连，在军队里他玩不过这个圈套，于是跑掉了事。要摆脱《彼得原理》的支配，同样可以利用这个"跑掉"的做法。至于该怎么做，还请各位读者自行定夺。

碍于译者水平，疏漏在所难免，如读者在阅读过程中发现错处，或有心得愿意分享，请一定与我联系（herstory@163.net）。

闫　佳

前言
Preface

身为作家和记者，我常有特殊机会研究文明社会的运作方式。我调查并撰写过有关政府、工商业界、教育界以及文艺界的文章。我访问过各行各业以及社会里高中低各阶层的成员，并且仔细聆听过他们的心声。

我注意到，大部分人做事毛毛糙糙，只有极少数例外。因此不胜任者四处蔓延，一路凯旋。

我曾见过一座1200米长的高速路桥莫名倒塌，掉进海里，因为桥墩的设计完全要不得——尽管人们再三检查过。

我曾见过城市规划者在一条大河的冲积平原上规划城市发展，而此地每隔一段时间必定发大水。

最近我读到英国某发电厂的三座巨型冷却塔倒塌——每座塔造价高达100万美元，可却连一阵强风都经受不起。

我还饶有兴趣地注意到，得克萨斯州休斯敦室内棒球场完工之后，人们才发现它完全不适合打棒球：在阳光灿烂的日子，由于天窗的反光，球手根本看不见高飞球会往哪儿飞。

我观察到，各种用具的制造商按惯例总会设立地区维修站，因为他们预料到——经验也证明了——很多产品在质保期内就会出故障。

我听无数司机抱怨过自己刚买的车就有各种各样的毛病，因此，了解到近年来各大汽车制造商生产的汽车有20%都存在危险的制造缺陷，我毫不感到吃惊。

请别以为我是那种天生戴着有色眼镜的极端保守主义者，成天哀叹世风日下，人心不古。不胜任的事情自古就有，到处都是。

19世纪英国政论家麦考利（Macaulay）根据海军将领皮普斯（Samuel

Pepys）的报告，描述了1684年英国海军的情形。"海军司令部简直是浪费、腐败、无知和懒惰的天才……他们的评估不可信任……合同得不到履行……从不进行强制检查……有些战时新兵虚弱透顶，要不赶紧加以训练，他们恐怕会在船停在岸边时掉进水里淹死。水手无法按时拿到薪水，只好把配给券打个六折，卖给放高利贷的。在海上航行的大多数船只，指挥者从未受过航海训练。"

后来当了英国首相的惠灵顿（Wellington）将军，在1810年去葡萄牙参战之前，翻阅了军队将领的花名册，无奈地说道："我只盼望敌人看到这份名单时，也跟我一样不寒而栗。"

南北战争时的将领理查德·泰勒（Richard Taylor），谈到七日战役[①]时评论说："南军将领对地形所知甚少……在里士满城行军一天，就好像让他们在中非行军一样艰难。"

南军的罗伯特 E. 李（Robert E. Lee）将军也曾分外苦涩地抱怨说："我的命令根本没法执行。"

第二次世界大战的大部分时期，英国海陆空三军全都使用着比德军差得多的炸弹。早在1940年年初，英国科学家就知道，只要在现有炸药里加一点廉价的铝粉，就能让炸弹威力翻倍。可这一知识直到1943年年底才得以推广。

同样是在"二战"期间，一艘医疗船的澳大利亚指挥官在检验改装后的水箱时发现，水箱内壁居然涂上了剧毒的红铅，它足以把船上的所有人置于死地！

这些事情，还有成百上千的类似事件，我都曾看到、读到和听到过。于是我认为，不胜任这种状况，放诸四海而皆准也。

所以，当登月火箭因为什么东西忘了、坏了、失灵了、提前引爆了而发射失败时，我不再感到惊讶。

同样，当我看出政府雇用的婚姻顾问居然是个同性恋时，我也不再大惊小怪。

---

① 指当时美国南北军队在里士满附近进行的恶战。——译者注

他们预料到很多产品在质保期内就会出故障。①

插画标题：报复！

工匠（对买了割草机的老绅士）："先生，我马上给它上油，而且立刻送到……"

顾客（命令口气）："不不不！！——绝对不能给它上油！我不想让它上油！你得注意！我想要噪声！还有，你看看这儿——赶紧给我找台生了锈的机器！我邻居的孩子每天晚上鬼哭狼嚎闹到晚上10点，所以……"——（恶狠狠地）——"我准备每天早晨4点到6点开始割草！！"

画家：查尔斯·基恩（Charles Keene）

绘制年份：1888

我现在等着瞧的好戏是，政治家们无法实现竞选时许下的诺言。我以为，要是他们真的能办成什么事，那大概就是实现竞争对手的政治主张吧。

公共建设工程、政治、太空旅行以及类似偏远领域的大规模人类实践中出现的不胜任现象，已经够让人讨厌了，可事实绝不仅于此，不胜任现象近在咫尺，它无处不在，流毒甚广。

---

① 《彼得原理》的作者和出版商向Punch杂志表示衷心的感谢，谢谢他们允许本书复制其作品，并改写原插画标题。我们将为感兴趣的读者列出原作画家和出版年份，以及每幅插图初次出版时所使用的文字。

XVIII

就在我写下这些文字的当口，住在隔壁的女士正在打电话，她说的每一个字都清清楚楚地传进了我的耳朵。这时是晚上 10 点，住在另一边的男邻居因为感冒，早早就上了床。我听见他断断续续的咳嗽声，他在床上一翻身，我还能听见弹簧吱嘎作响。我住的可不是便宜公寓：这是一幢昂贵的、混凝土修建的现代化公寓大厦。当初设计并修建这房子的人是怎么回事？

有一天，我有个朋友买了一把钢锯回家，准备用它锯铁钉。刚锯了两下，锯条就折断了，锯身上的固定螺栓也随之报废。自然，这把钢锯再也没法用了。

上个星期，我想在一所中学新修的礼堂讲台上用录音机，但怎么也找不到电源。大楼的技术人员告诉我，他在这里工作了一年，始终找不到哪个开关能打开讲台下插座的电源。他怀疑插座里头根本就没接上线。

今天早晨我出门买台灯。在一家大型家具店，我找到了自己喜欢的台灯。店员正要替我包装，我却请他先试试看（近来我是越发小心谨慎）。他显然不常测试电器，因为他折腾了半天才好不容易找到一个插座。最后他终于把灯插上了，可怎么也不亮！他又试了同一款式的其他台灯，还是不亮。整批货的开关都有问题。我只好走了。

不久前，我自己装修别墅，订了 56 平方米的绝缘玻璃纤维。当时我寸步不离地守在订货处，确保店员把数量弄对。可心机废尽，效果枉然！建筑公司给我开的账单是 65 平方米，送来的货则是 84 平方米！

人们常常吹捧教育能治百病，可它对不胜任也只能干瞪眼。在教育的圣殿里，不胜任现象肆无忌惮地发展。1/3 的高中毕业生连小学五年级的东西也读不懂。大学要为新生开阅读课，也早就不是什么新鲜事了。在一些大学里，20% 的新生甚至看不明白教科书上的内容！

我本来定期收到某大学的信。15 个月以前，我换了地址。我按惯例写信通知了校方，可邮件还是寄到我的旧地址。我写了两次变更地址的信，打了一通电话，最后干脆亲自上门说明。我手把手地指出他们记录上的错误通信地址，我一个字一个字地口述了新地址，我亲眼看着秘书把它记下来。但是，邮件还是照旧往老地址送。两天前事态有了新发展。住在我原先公寓一直替我收信的女士给我打电话说，她刚刚搬了家，而大学给我的信竟然紧跟着寄到了她的新地址！

就这样，我逐渐对无所不在的不胜任现象听之任之了。可我又想，如果能找出它的成因，或许还有望加以纠正。所以我开始提出问题。

我听到了各种说法。

银行家指责学校："现在的孩子没学会有效的劳动技能。"

老师谴责政治家："政府如此人浮于事，你还能指望老百姓做什么？而且，他们还拒绝了我们提高教育经费的合理要求。要是每所学校都有一台电脑……"

无神论者痛斥教会："……用天国的神话麻痹人们的心灵，让人们变得不切实际。"

传教士怪罪电台、电视和电影："……现代生活中的诸多娱乐，让人们背离了教会的道德教义。"

工会批评管理层："……他们太过贪婪，发出的工资还不够维持工人们的基本生活。如此微薄的报酬，怎能激发员工的工作积极性呢？"

管理层责怪工会："现在的工人什么都不关心，成天想着工资、假期和退休金。"

个人主义者说，国家的福利制度造就了漠不关心的一代。社会工作者告诉我，家庭道德的沦丧和家庭的破裂，使人缺乏工作责任感。心理学家说，人们对早期性冲动的压抑，造成了潜意识的失败倾向，借以弥补罪恶感。哲学家说，人就是人，总会出点意外。

一大堆不同的解释，和完全没有解释同样糟糕。我想我大概永远也理解不了不胜任现象了。

可是，有一天晚上，我到剧院看一出无聊透顶的闷戏。第二场休息时，我在大厅抱怨演员和导演不称职，因此跟劳伦斯 J. 彼得博士搭上了话。而他刚好是一位长年研究不胜任现象的专家。

休息时间太短，彼得博士没能满足我的好奇心。散场后我跑到他家一直坐到凌晨3点，听他条理分明地阐述自己惊人的创新理论，并最终圆满地解答了我心中的老问题："不胜任是怎么出现的呢？"

彼得博士认为，亚当的原罪、煽动者和意外事故都跟不胜任没关系。他控诉说，我们社会的某个特性，才是造成和助长不胜任现象的罪魁祸首。

不胜任现象终于找到了合理的解释！我脑子里闪过一个念头，或许下一步就是彻底根除不胜任！

彼得博士是个谦逊低调的人，到目前为止，他只跟几个朋友和同事讨论过自己的发现，偶尔做做有关内容的讲演，这就让他感到很满足了。至于他搜集的大量不胜任资料，他才华横溢的不胜任理论和公式，还未曾诉诸文字。

"我的原理或许能造福人类。"他说，"但日常教学和相关文书工作已经让我忙得脚不沾地了，我还要参加教务会，继续从事自己的研究工作。将来我大概会整理资料、安排出版，但在未来10~15年内，我实在是没时间干这个。"

我向他强调拖延的危险性，最后彼得博士终于同意跟我合作：他把自己大量的研究报告和手稿交给我处理；我则负责把它们精简成书。以下篇章将揭示彼得博士对其原理的解释，这是20世纪最敏锐的社会和心理学发现。

你敢读下去吗？

你敢于面对让人头晕目眩的真相吗？为什么学校不能传道、授业？为什么政府有令难行？为什么法庭不能伸张正义？为什么成功不能带来幸福？为什么乌托邦计划永远创造不出真正的完美境界？

别轻率地做出决定。一旦你做出了决定，就无法反悔。你要是决定读下去，你就再也无法回到现在无知即是有福的状态；你再也不会盲目地崇拜上级，对下属呼来喝去。再也不会！因为一旦听说过彼得原理，你就再也不会忘记它。

早期性冲动的压抑,造成了潜意识的失败倾向。

插画标题:难以应付的巧妙回答

校长:"真丢脸啊,小伙子!为什么你弟弟比你小两岁,可希腊语法却比你学得好呢!"

笨学生:"啊,因为他不像我在学校里待了这么多年呀,校长。他才一年级!"

画家:G. du Maurier

绘制年份:1889

那么,继续读下去能给你带来什么好处呢?你能够克服自己的不胜任,理解其他人的不胜任,你能够更轻松地工作,更容易得到提升,赚更多钱。你可以避免痛苦的教训。你可以成为领导者。你可以享受闲暇,让朋友快活,让敌人错愕,让孩子感动,让婚姻生活更丰富多彩,永葆活力。

简而言之,彼得理论将使你的人生发生翻天覆地的变化,甚至可能拯救你的生活。

因此,如果你有勇气,请继续阅读彼得原理,思考、记忆并付诸实践。

雷蒙德·赫尔

第1章
The Peter Principle

彼 得 原 理

我开始觉得事有蹊跷。

——M. 德·塞万提斯

打小人们就告诉我说，身居高位者有自知之明。他们说："彼得，你知道得越多，走得越远。"因此，直到我上完了大学、步入社会、取得教师资格之后，还是死抓着这些信念不放。可执教第一年，我诧异地发现，好多教师、校长、督学和地方教育长官似乎都不知道自己的职责所在，不能称职地完成工作。比如说，我的校长主要关心窗帘是不是挂得一样高，教室应当保持安静，任何人都不得践踏或靠近花圃。地方教育长官在乎的是不能得罪任何少数团体——不管对方态度有多糟糕，所有规定的表格都要按时交。至于孩子们的教育问题，显然不在这些管事人的心上。

最开始，我以为这只是我所在学校系统的特别毛病，因此我转而向其他教区申请执教资格。我填好了各种专门的表格，附上所需文件，自觉自愿地完成了所有官样文章。可几个星期过后，我的申请和所有文件全都给退了回来！

我的证书毫无问题，表格也填得妥妥当当，信封上的公章证明他们确实收到了信。那这到底是怎么回事呢？对方附的信上说："我部最近规定，为确保投递安全，该类信件必须使用挂号方式邮寄，否则教育部不予接收。请您把表格重新寄给教育部，并务必使用挂号方式。"

我开始怀疑，不胜任现象并不是地方教育系统的专利。

随着我阅历日丰，我发现每个组织都有不少人无法完成自己的工作。

一个普遍现象

工作上的不胜任到处都有。你曾经注意过吗？也许我们早就注意到了。

我们见过优柔寡断的政客假装成毅然果敢的政治家；我们见过"权威消息来源"误传信息，却把责任推到"情况太难估计"上。懒散傲慢的人民公仆不可计数；胆怯的军队指挥官用豪言壮语替自己打掩护；天生奴颜媚骨的官员根本无法进行真正的治理。瞧，我们都是成熟的人，面对不道德的牧师、贪污腐败的法官、语无伦次的律师、文笔不通的作家、连单词都会拼错的英文老师，我们只能无可奈何地耸耸肩。在大学里，我们看到书面沟通一贯乱七八糟的行政人员草拟公告；老师上课单调乏味，声音小得谁都听不见，要不就是表达能力太差。

既然政、法、教、工各界的所有级别上都存在不胜任，我进而假定其原因在于人事安排的某种固有成规。因此我开始认真研究员工们如何沿着组织阶层往上爬，他们晋升之后又发生了些什么。

我搜集了几百份个人案例作为研究数据，以下是三个极为典型的例子。

市政府档案　J. S. 米尼恩[⊖]是 Excelsior 市公共工程部的维修领班。他是市政府高级官员们的亲信，众人都称赞他为人亲切和蔼。

"我喜欢米尼恩。"工程部主管说，"他有良好的判断力，总是令人愉悦，容易相处。"

就米尼恩的职位而言，这种做法是很合适的——他不参与制定政策，因此也没必要跟上司们闹矛盾。

后来工程部主管退休了，米尼恩接替了他的职位。他继续附和每个人的意见。他把上司给他的每一条建议都下达给领班，结果造成政策相互矛盾，计划频繁变动，整个部门很快陷入混乱状态。市长、其他官员、纳税人、维修工人工会都抱怨连天。

米尼恩继续对每个人"是"个不停，继续在上司和下属之间来来回回地传递信息。名义上他是个主管，实际上却干着信差的工作。他负责的维修部经常预算超支，无法按计划完成项目。简而言之，称职的领班米尼恩成了不胜任的主管。

服务业档案　E. 丁克是 G. 瑞斯汽车修理厂一名极为热心而又聪明的学徒，很快就转为正式的机修工。在这个岗位上，他能力出众，不仅擅长诊断汽车的各种疑难杂症，修理时也很有耐心。于是，他被提升为修理车间的工头。

可作为一个工头，他对机械和尽善尽美的热爱反倒成了短处。不管车间里有

⊖ 为保护当事人，我对姓名做了一些修改。

多忙,他总会接下任何自己觉得有趣的工作。"我们会有时间搞定它的,"他说。

他工作起来,不干到完全满意是绝不放手的。

他万事都爱插上一脚,办公桌边很少看到他的身影。他常常挽起袖子拆卸引擎,原本该干这事的人站在旁边眼睁睁地看着,其他工人干坐着等待分配新任务。如此一来,车间里总是积压了大量工作,交货时间也经常延误。

丁克不明白,一般的顾客并不在乎尽善尽美,他们只想按时把车拿回去!他也不明白,大多数工人关心的是支票,而不是发动机。因此,丁克跟顾客和下属都处得不好。他是个称职的机修师,现在却成了不胜任的工头。

我们都是成熟的人,面对不道德的牧师,只能无奈地耸耸肩。

插画标题：过分热心！

顾客："我想为妻子买一枚好看的钻石胸针。"

过分热心的店员："没问题，先生。小店正有此物。如果您乐意，我们还能为您配上一枚。"

【他们没成交。】

画家：G. du Maurier

绘制年份：1889

军队档案　让我们看看刚离任的著名将军A. 高文（A. Goodwin）的例子。他为人热诚，不拘小节，言谈粗犷，蔑视繁文缛节，再加上作战时又英勇过人，自然成了手下士兵们的偶像。他率领所属部队打了很多胜仗。

后来高文晋升为陆军总指挥，他要应付的不再是普通士兵，而是政客和盟军总司令们。

他无法遵守必要的外交礼节，也不会说传统的客套恭维话。他跟所有的高层政要吵架，然后窝回指挥帐篷，成天酗酒、生闷气。作战指挥权逐渐落入部下手中。这也就是说，他被晋升到了一个无法胜任的职位上。

一条重要线索

我在这些案例中找到了一个共同点：员工从称职的岗位晋升到不胜任的岗位。我认为，每一个阶层的每一个人，迟早都会走到这一步。

假想案例　假设你拥有一家名叫"完美药剂公司"的制药厂。你的车间工头因为穿孔性消化道溃疡去世了。你必须尽快找个人顶上。自然，你会从基层制药员工中寻找候选人。

椭圆小姐、圆柱夫人、圆锥先生和立方先生都表现出不同程度的不称职,当然不适合晋升。在其他条件都相同的情况下,你会选你最称职的制药工人圆球先生,并把他提升为工头。

现在,假设圆球先生在工头岗位上干得挺称职。等你的总工长李格利升为厂长之后,圆球先生就有资格接替他先前的职位。

反过来说,要是圆球先生当工头当得不称职,他就不会再获得晋升。他已经升到了我所谓的"不胜任阶层",这个位置就是他事业之路的终点。

一些员工,如圆锥和立方先生,在最低的级别上就到达了不胜任的位置,因此永远都得不到晋升。而另一些员工,如圆球先生(假设他不是一个让人满意的工头)则在晋升一次之后达到了不胜任阶层。

汽车修理厂的工头丁克,在组织阶层的第三级上达到了不胜任阶层。而高文将军则在组织阶层的最顶端才表现出不胜任。

因此,在我对上百件工作不胜任案例进行了分析之后,得出了彼得原理的公式:在层级组织中,每一个员工都有可能晋升到不胜任阶层。

一门新科学

推导出彼得原理的公式之后,我发现自己在无意间开创了一门新科学——专门研究层级现象的层级组织学(hierarchiology)。

"层级"这个词,最初是用来形容把牧师分为三六九等的教会等级制度的。现在这个词的意思已经包括了所有按等级、级别或档次排列其员工或成员的组织。

虽然层级组织学只是一门新兴的学科,但它却普遍适用于公共部门或私营企业的管理制度。

你也跑不了

我的原理是理解所有层级制度的关键，因此也是理解整个文明结构的关键。一些乖僻的人试图避免卷入级层体系，但只要身处商业、工业、工会、政党、政府、军队、宗教和教育各界，你就不可能幸免。各行各业的人都受到彼得原理的支配。

自然，大多数人都能获得一两次晋升，从某个胜任的级别升到一个还可胜任的更高级别。能胜任新职位的人，还会得到再次提升。每一个人，包括你和我，最终总会从胜任的级别升到不胜任的级别，而这就是我们最后一次晋升。㊀

只要假以时日，并假定层级组织中存在足够的级别，每个员工都会晋升到不胜任阶层，并且一直待在这个阶层。因此，我们得出了彼得推论：

每一个职位最终都会由对工作不胜任的员工把持。

推动车轮的是谁

当然，你很难找到一个所有员工都达到不胜任阶层的组织。在大多数情况下，层级组织仍能完成一些事情，从而强化了这种体制继续存在下去的理由。

层级组织的工作大多是由尚未达到不胜任阶层的员工完成的。

一些乖僻的人试图避免卷入级层体系。

㊀ 一般的观察者以为所谓"冲击晋升"（大多指"被一脚踢进高层"）和"蔓藤式晋升"现象不符合彼得原理，但实际上它们只不过是假晋升。我们将在第3章讨论这个主题。

插画标题：绝妙借口

  这位是杰克·斯派克斯，他是个彻底的前拉斐尔派画家。我们有一天去看他"工作"——至少他是这么说的。他说，他觉得"归根结底，绘画主要是靠记忆；他正在研究天空呢！！"

  画家：查尔斯·基恩（Charles Keene）

  绘制年份：1864

The Peter Principle
第2章

彼得原理的应用

让我们讲讲学校里的飞短流长……

——J. 海伍德

Excelsior市的学校系统是一个典型的层级组织，让我们对它进行一番研究，看看彼得原理在教师职业中的应用情况。通过对它的探讨，我们也可以理解层级组织学在各行各业里是如何运作的。

我们就从普通的授课老师开始吧。为了便于分析，我把案例分成了三种：胜任、基本胜任和不胜任。

分布理论认为（经验也这样告诉我们），教师们不均衡地分布在这三种情况中：大多数教师基本胜任，胜任和不胜任的都属于少数。

下图描述了这种分布情况：

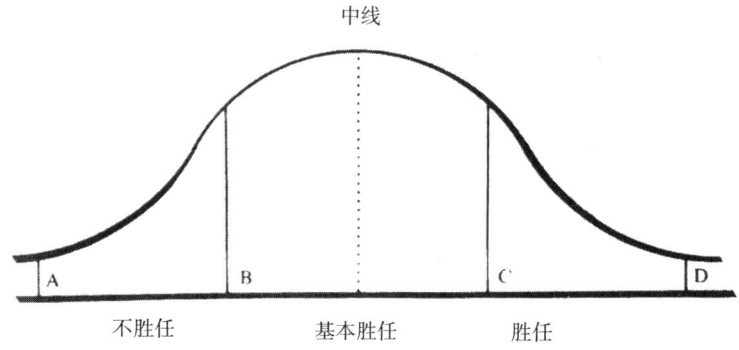

墨守成规者的案例

一个不胜任的教师是无法获得晋升的。比如说，多萝西娅 D. 蒂图（Dorothea D. Ditto）小姐念大学的时候是个中规中矩的学生。她的作业要么是照搬教科书和期刊，要么就是复述教授讲课的内容。人家怎么说，她就怎么做，毫不走样，绝不多，也不少。她被看做一个称职的好学生，以优异的成绩从Excelsior市师范学院毕业。

当了老师之后，她把自己所学的东西一板一眼地教给学生。她完全恪守教科书、课程表和上下课时间表的安排。

她的工作干得不错，可一旦碰到没有规则或先例可循的时候，她就会捅出娄子。比方说，有一回学校的水管爆了，大水把教室地板全给淹了。可蒂图小姐丝毫不为所动，继续照常上课，直到校长冲进来才解救了全班。

"蒂图老师！"校长大叫道，"地板上的水已经积了10厘米，你怎么还在上课？"

蒂图小姐回答说："我没有听到紧急疏散铃声响啊。你知道，我对这些信号可注意了。我敢肯定你没拉警铃。"一时之间，校长反倒给她的强词夺理弄懵了，只得援引校规上赋予他的紧急事件处置权，把一群湿得像落汤鸡似的学生们带出教学楼。

就这样，虽说蒂图小姐从来不曾做过什么违规越矩的事，她还是老惹麻烦，自然，她从来没获得过晋升。做学生，蒂图小姐是合格的；但当老师，她就无法胜任了。因此，在她的教学生涯中，她只能待在教师的职位上。

合格的大多数

大多数新任教师都属于基本胜任或胜任的，也就是上图中 B 到 D 的部分。他们都有资格获得晋升。下面我们举一个这类的例子。

潜在的缺点

N. 毕克先生过去是个称职的学生，后来当上了理科教员，很受学生们欢迎。他上课生动，做起实验来也很有一套。学生们乐意帮他的忙，把实验室维持得井井有条。毕克先生不擅长文书工作，但领导们认为，既然他是个好老师，那么这个小小的缺憾可以暂时放到一边去。

毕克被提升为科学系系主任，负责采购所有的科学仪器并撰写详尽的记录。他的不胜任彻底暴露了出来！他订购了足可用上三年的新本生灯，[一]但却没买配套的连接管。 虽说新灯一盏盏地摆在架子上，可随着旧连接管的报废淘汰，能用的灯还是越来越少。

毕克不会再获得进一步的提拔。他不胜任的职位，也就是他最终的职位。

层级组织的较高处

B. 朗特过去是一名称职的学生、教师和系主任，后来当上了副校长。在这个

[一] 本生灯即煤气灯，以德国化学家本生（Robert Wilhelm, 1811—1899）命名。——译者注

职位上，他跟老师、学生和家长们相处融洽，能力出众。于是，他进一步升任为校长。

在此之前，他从未直接跟学校董事会和地方督学打过交道。很快，人们就发现他缺乏和这些高级官员往来所必需的手腕。他会为了解决孩子之间的争执，把督学冷落一旁。他会帮生病的老师代课，错过副督学召集的课程修订会。

他尽心竭力主持校务，无法再腾出精力参加社区组织的活动。他推辞了担任教师家长会主席和社区改良联合会会长的提议，也不出任文学匡正委员会的顾问。

他跟老师、学生和家长们相处融洽。

插画标题：要有实用价值

温和的父亲："我知道您正在教我儿子语法课呢。不，没这个必要。我又没指望他当上什么大臣啊、海军上校什么的。语法没用。就教他简单的商业课程就行了。"

画家：W. Ralston

绘制年份：1871

他的学校失去了社区的支持，他本人也不再受到督学的赏识。日复一日，在公众和上级眼中，朗特变成了一位不胜任的校长。当副督学的职位出现空缺时，学校董事会拒绝举荐朗特。他会在校长位置上一直干到退休，既不快乐，也不胜任。

独断专行者

R. 杜佛从前曾是称职的学生、教师、系主任、副校长和校长，后升任副督学。在此之前，他只需解释校董会的政策，并有效地在校内加以执行。现在他身为副督学，必须通过民主程序，参加校董会的政策讨论。

杜佛不喜欢民主程序。他觉得自己就是专家，他用老师教训学生的态度对校董们训话。他还试图像校长管理教职员工那样使唤董事会。

于是，董事会认为杜佛是一名不胜任的副督学。他不会再获得晋升。

撑不了多久

G. 斯派得曾是称职的学生、英语老师、系主任、副校长和校长。后来，他游刃有余地当了6年副督学——有爱国热情、长于交际、和蔼可亲、受人敬重。于是，他升任督学。他不得不开始处理学校的财务事宜，但他很快发现自己对这种事情实在是束手无策。

自从当上了老师，斯派得就从不操心钱的事。妻子处理他的工资，支付家用，每个星期往他兜里揣点零花钱。

陶兰小姐曾是能力出众的小学老师。

插画标题：郊外一日游

小汤米（以前从没出过城）："哇！哇！哇！"

和蔼的女士："怎么啦，汤米？"

小汤米："老师，这儿的天又大又蓝！"

画家：G. du Maurier

绘制年份：1887

现在，斯派得在财务领域的不胜任大白天下。他在一家靠不住的公司订购了大量教学仪器，该公司连一颗螺钉也没生产出来就宣告破产了。他为市内各学校的每间教室配备电视机，可该地区的教学节目只适合中学生。斯派得达到了自己的不胜任阶层。

另一种晋升机制

上述案例是典型的"直线式晋升"。另一种晋升形式是"幕僚式晋升"。T. 陶兰小姐的案例很有代表性。

陶兰小姐曾是称职的学生和能力出众的小学老师，后升任教学主任。她现在要教的学生不再是孩子，而是老师，可她仍旧使用面对儿童的教学方法。

陶兰小姐在和老师说话时，不管对方有多少人——一个还是几个，她总是慢慢地、一字一顿咬字清楚地说。她用词极为简单，一般选的都是只有一两个音节的单词。每一个重点，她都会用若干不同的方式解释好几遍，直到她确定老师们全听懂了为止。她脸上总是挂着灿烂的微笑。

老师们一点也不喜欢陶兰小姐，他们说她总是满脸假笑，一副居高临下、施恩于人的态度。双方的矛盾激化到这样的程度：老师们从不按照她的建议做，而是想方设法找借口，硬是不采用她推荐的方法。

经实践证明，陶兰小姐在跟小学老师的沟通上很不称职。因此她无法再获得晋升，只能继续做一个不胜任的教学主任。

你来判断吧

你能在所有的层级组织里找到类似的例子。好好观察一下你的工作环境，找出已经达到不胜任阶层的人。你会发现，在每一个级别里，都有人力所不逮。照照镜子，你是不是也……

不！你大概宁愿问："难道彼得原理就没例外吗？难道没人逃得出它的摆布吗？"

我将在随后几章讨论这些问题。

The Peter Principle

第3章

表面上的例外

一旦出了问题,该负责的人就会尽其所能地撇清自己、推脱责任。

——J. 德莱登(J. Dryden)

不少听我谈过彼得原理的人都不愿意接受它。他们在我的层级组织学理论里焦虑不安地寻找漏洞——有时候还以为自己真的找到了。对于这一点，我想给各位提个醒：不要受表面上的例外所愚弄。

表面上的例外之一：冲击式晋升

"你怎么解释沃尔特·碍事先生的晋升？他这个人太不胜任、太碍事了，为了踢开他，管理层只好把他扔到了高层。"

我常常听到这类问题。让我们分析一下这个我称为冲击式晋升的现象。碍事先生是从不胜任的岗位换到了胜任的岗位上吗？没有。他只是从一个徒劳无功的岗位转到了另一个徒劳无功的岗位。他现在肩负了比从前更重的责任吗？没有。他在新岗位上完成的工作比过去多吗？没有。

冲击式晋升是一种冒牌晋升。一些类似碍事先生的员工对自己的晋升信以为真；另一些人则看穿了这套把戏。冲击式晋升的主要作用是蒙骗层级组织以外的人。只要这个目的达到了，伎俩也就算成功了。

经验丰富的层级组织专家绝不会上当。站在层级组织学的角度来说，只有从能胜任阶层开始的晋升，才能算作真正的晋升。

成功的冲击式晋升有哪些效果呢？假设碍事先生的老板是一脚踢先生，他升迁碍事先生之后可以实现以下三个目标：

（1）"证明"他的提升政策是正确的。如果他承认碍事先生不胜任，观察者们会想，"早在提升碍事先生之前，一脚踢就该意识到碍事先生不是合适人选。"但冲击式晋升则向员工和旁观者证明，之前的晋升很正确（这当然蒙不了层级组织专家）。

（2）鼓舞了员工士气。一些员工至少会想，"要是碍事先生都能升职，我自然也能。"对很多其他员工来说，冲击式晋升就相当于赶驴子用的胡萝卜。

（3）维护了层级组织的安全。即便碍事先生不胜任，也不能炒了他：他可能对一脚踢先生的业务有相当的了解，要是跳到别的公司，说不定会变成危险人物。

普遍现象

层级组织学告诉我们，每一个兴旺的组织都有这样的特点：它们的管理层都堆积着大量的富余人员，其中包括已经获得和将要获得冲击式晋升的员工。一家著名的器具制造公司居然有23名副总裁！

诡异的结果

韦伯利广播公司（Waverley）素以其制作部门的创造力著称。这全都是靠冲击式晋升。该公司把所有缺乏创造力和生产力的多余员工统统调到富丽堂皇的办公总部大楼，这幢建筑造价高达300万美元。

办公总部没有摄像机，没有麦克风，也没有电视信号发射器；实际上，它离最近的摄影棚也隔着好几公里。但办公总部的人永远忙个不停，撰写报告、规划流程图、安排与人会面的时间。

最近，该公司宣布对高层官员进行改组，目的是让总部的运作更流畅。结果，原先的4名副总裁变成了8个，并新增一名总裁协调助理。

因此，我们可以看出，冲击式晋升能保持员工的工作效率！

表面上的例外之二：蔓藤式晋升

蔓藤式晋升（lateral arabesque）是另一种冒牌晋升。上面的人分给不胜任员工一个长长的新头衔，可级别没有提高（有时连薪水也没有增加），然后就把他打发到办公楼的偏僻角落去。

R. 费伍德是卡勒文具公司一名不胜任的业务经理。获得蔓藤式晋升后，他工资不变，但工作内容变成了协调各部门的沟通，管理各办公室备忘录的归档事宜。

汽车制造业档案　惠勒汽车零件公司（wheeler）建立了一套比其他层级组织更完善的蔓藤式晋升体系。该公司把业务划成许多片区，最近，我发现25名高级主管被外派到各省，担任所谓的地区副总裁。

该公司买下了一家汽车旅馆，派一名高级职员去经营。

还有一名多余的副总裁，公司安排他花三年时间撰写公司的历史。

我得出结论是，层级组织越大，蔓藤式晋升越容易施行。

职权架空的案例　某政府部门的全体82名员工全都转移到了另一个部门，只留下一个年薪16 000美元的主任，他无事可做，也没人供他管理。这是层级组织结构中的罕见现象，就好像是金字塔只剩了个顶端飘浮在空中，下面却没有支撑的基石！我把这种有趣的现象称为自由漂浮的塔尖。

表面上的例外之三：彼得反转原理

我有个朋友，到一个酒精饮料由政府垄断销售的国家旅游。在回国之前，他去了一家政府经营的酒肆，问道："按规定我可以带多少酒回国？"

"你得去问边境的海关官员。"店员回答说。

"但我想现在就弄清楚。"我朋友说，"这样我才能算计出我该买多少酒，免得买太多被没收了。"

"这是海关的规定。"店员说，"跟我们没关系。"

"可你肯定知道海关的规定吧？"我朋友说。

"不错，我知道。"店员说，"但海关的规定和本部门的职责无关，所以我无权告诉你。"

你遇到过或者听到过类似的经历吗？"我们不能提供该信息。"官员明明知道你问题的答案，你也知道他是知情人，但出于这样那样的理由，他就是不告诉你。

有一回，我到一所新办的大学任教，学校的财务处发给我一张特别的身份卡，凭卡可在大学的书店兑换现金。于是我到了书店，出示身份卡，签了一张20美元的旅行支票——美国运通公司那种可在各地兑现的旅行支票。

"我们只兑换薪水支票和个人支票。"书店出纳员说。

"可旅行支票比个人支票好啊，"我说，"甚至比薪水支票还要好。就算不要这张卡，我随便到哪家商店都可以兑现旅行支票。旅行支票和现金没什么两样啊。"

"但总归它不是薪水支票或个人支票。"出纳员说。

一番争论过后，我要求见值班经理。经理耐心地听我控诉，脸上挂着一副魂游天外的表情。之后他断然说道："我们不兑现旅行支票。"

你或许听说过医院在抢救事故受伤者之前，会让病人花费宝贵的时间填写成叠的表格。你或许也曾听见护士摇醒病人说："快醒醒！吃安眠药的时间到了。"

那些没有任意处置权的小官员们尤为如此，他们对正确填写表格有一种强迫性的关注，毫不在乎表格到底有没有实用性。他们绝不允许发生任何超出常规的细小偏差。

职业性机械行为

我把以上各种行为称作职业性机械行为。很明显，对职业性机械行为者而言，方法重于结果；官样文章掩盖了原本设计它们的初始目的。这些员工从不认为自己是为大众服务而存在的——相反，他们把大众看成维持自己、表格、仪式和层级组织存在的原材料！

从消费者、客户或受害者的观点来看，职业性机械行为就是不胜任。所以，你肯定会想，"怎么会有这么多职业性机械行为者获得晋升呢？难道说职业性机械行为者没涵盖在彼得原理之中吗？"

要回答这些问题，我必须先提出另一个问题："不胜任，是由谁来定义的？"

标准问题

一个员工是否胜任，不是由外人决定，而是由层级组织里的上级说了算的。如果该上级尚在胜任级别，他会根据工作的实际表现——比如，医疗服务和信息的提供是否得当，香肠、桌腿的产量有多高，或者是否达到了层级组织的既定目标——来评定员工。也就是说，上级评定的是"产出"。

倘若上级到了不胜任级别，他可能会根据制度上的价值来评定下属：他认为胜任就是遵守有助于维持现状的规定、仪式和表格。他将高度赏识做事机敏、整洁、对上司恭恭敬敬、内部文书工作搞得好的员工。简而言之，这种上司评定的是"输入"。

"石板先生是个可靠的人。"

"润滑油先生促进了办公室的平滑运转。"

"刮土机先生做事有条不紊。"

"爬泳小姐是个稳妥的工人。"

"友好夫人跟同事们合作无间。"

在这些例子里，组织内部的和谐一致比对外的服务效率更受重视：这就是彼得反转原理。职业性机械行为者或许可以归到"彼得反转原理"下面去，因为这种人把手段和目的倒了个儿。

现在你明白前面彼得反转原理中引用的例子是怎么回事了吧？

如果卖酒的职员迅速解释了海关规章，旅客会想，"他真是想得周全！"可该职员的上级却可能对他留下不好的印象，因为他破坏了该部门的规矩。

如果书店的出纳员接受了我的旅行支票，我或许会感激他的帮助，可经理却会批评他越权行事。

适用于彼得反转原理的员工之晋升前景

正如我们所见，适用于彼得反转原理的员工，或者说职业性机械行为者，缺乏独立的判断能力，只是遵守，从不决定。从层级组织学的观点看来，这是胜任的表现，因此符合彼得反转原理的员工有资格获得晋升。他们将不断晋升，一直

升到某个必须由他们做决定的灾难性岗位。这就是他们的不胜任阶层。[注]

因此，我们可以看出，职业性机械行为者——不管他们叫你多么头疼——并不是什么彼得原理的例外。我常常对学生说："所谓的胜任，和真相、美貌和隐形眼镜一样，是存在于旁观者眼中的。"

表面上的例外之四：阶层淘汰

接下来我将讨论最让人困惑的例子：为什么有些才华横溢、生产力极高的工人不仅得不到提拔，甚至还遭到解雇。

让我先举几个例子，之后再解释原因。

在 Excelsior 市，每一个新任教师都被安排了一年的试用期。K. 布切曼在读大学的时候，热衷研究英国文学。在担任英文教师的试用期间，他把自己对古典文学和现代文学的热爱灌输到学生身上。一些学生申请了 Excelsior 市公立图书馆的借阅卡，另一些人则开始在新旧书店流连忘返。他们兴致勃勃地阅读了大量书籍，很多书都不在学校批准的书单上。

不久，几个怒气冲冲的家长和两个保守教派的代表冲到学校，向督学抱怨孩子们净读些"不良"文学。第二年，校方告诉布切曼，他的工作表现不符规定，因此不能获得续聘。

另一名试用教师 C. 克莱瑞，第一年接手了一个智障儿童的特别班。虽然他知道这些孩子能力有限，但他还是用尽全力教育他们。学年结束时，克莱瑞班上的不少智障孩子在阅读和算术等标准考试里的得分，居然比很多普通班的学生还要高。

结果克莱瑞得到的居然是解聘通知，校方告诉他，这是因为他忽视了智障孩子们该做的活动，比如说串珠子、玩沙箱等。他也没有充分利用 Excelsior 市特殊教育部门提供的雕塑黏土、小钉板和指画水彩等教育用具。

还有一名小学试用教师 E. 毕佛小姐，她天生就很聪明。由于缺乏经验，她

[注] 根据彼得反转原理获得晋升的人，通常会做出两种无关紧要的决策：①强化执行规则；②制定与现行规定相冲突的新规则，用以涵盖各种特殊情况。这种行为只能强化反转的效果。

把在大学学到的因材施教法付诸实践。结果，很多聪明的学生一年就学完了本该用两三年才能念完的课程。

校长很有礼貌地向毕佛小姐解释，为什么她不能获得永久聘任。她破坏了整个教学体制，没有坚持教学进度，让孩子们很难适应下一年的学习。她破坏了正式的评分制度和教科书发行体制，还使下一年接任的教师感到焦虑不安，因为孩子们把要学的内容都提前学过了。

如何解释这一自相矛盾的现象

上述案例表明了这样的事实：在大多数层级组织中，过分胜任比不胜任更令人反感。

正如我们所知，一般的不胜任不会遭到解雇，只不过是无法晋升而已。过分胜任则往往遭到解雇，因为它会使层级组织陷入混乱，从而违反了层级组织的首要戒律，也即，必须维护等级阶层体制。

读者们或许还记得，我在第 2 章里讨论了三种员工：不胜任者、基本胜任者和胜任者。当时出于简化的目的，我把分布曲线的两个极端给砍掉了，忽略了另外两种类型的员工。下图是完整的曲线：

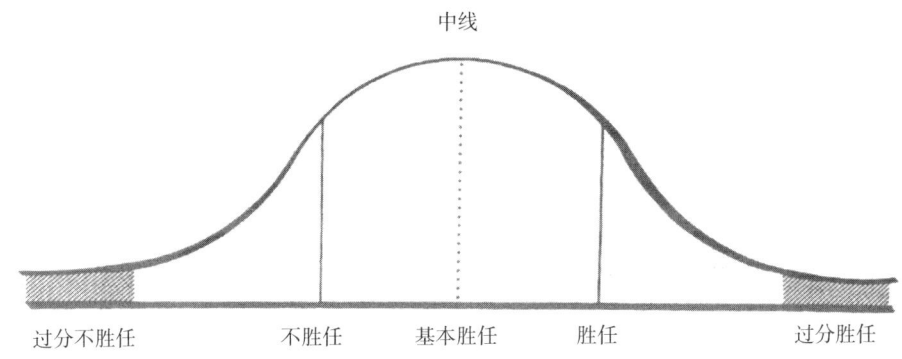

这两种极端的员工——过分胜任者和过分不胜任者——都会遭到解雇。他们经常因为同一个原因，在上任不久后就遭到解雇：他们有可能破坏层级组织。这种去除极端分子的做法，我称之为阶层淘汰。

一些惊人的例子

我已经讲述了一些过分胜任员工的命运。以下是一些过分不胜任者的例子。

P. 赛希尔小姐受聘为 Lomark 百货公司器材部的售货员。一开始,她卖出的商品就低于平均销售量。但仅仅如此还不足以使她遭到解雇,因为还有许多售货员的业绩也低于平均值。可赛希尔小姐还惹出了无数的麻烦:她总是按错收银机的键,擅自接受公司竞争者的签账卡——更糟的是,在填写销售合同表时,她常常把复写纸正反面放错。接着她还会把合同原件拿给顾客。顾客带走两份合同(正面一份,反面一份),而她自己一份也没留下。最最糟糕的是,她还对上司傲慢无礼。一个月后她就被解雇了。

柯克牧师对神的本质怀有偏激看法。

插画标题：非常非常小心

众女士齐声（对清秀的助理牧师说）："啊，斯韦特罗先生，请小心，小心，别再往高处爬了！——多危险啊！快下来吧！啊！"

牧师（讽刺地说）："是啊，斯韦特罗，你干嘛不下来，让哪位已婚女士去干呢？！！"

画家：查尔斯·基恩（Charles Keene）

绘制年份：1874

W. 柯克是一名新教牧师，对神的本质、圣礼的功效、耶稣基督的第二次降临以及死后永生等宗教问题，持有极为偏激的观点——和他所属教派的正规教义截然不同。从技术上来讲，柯克无法给予教徒们所期待的精神指引，自然，他没有获得晋升。不过，他还是继续在自己任上待了几年，直到他写了一本书，控诉教会层级组织的冗余繁杂，理由详尽地提出向所有教会征税的主张。他请求正视同性恋、吸毒、种族歧视等社会问题。于是他立刻就从不胜任的行列迈入了过分不胜任的行列，很快就被开除了。

被淘汰的过分不胜任者必定具备两个重要特征：
（1）缺乏生产力（没有产出）。
（2）不能维护层级组织内部的和谐稳定（没有输入）。

你属于淘汰者之列吗

由是可知，对典型的层级组织来说，过分胜任和过分不胜任的员工同样不受欢迎。

我们还可发现，和所有其他员工一样，层级组织的被淘汰者也受制于彼得原理。

他们和其他员工唯一的不同之处在于，在当前条件下，他们注定遭到解雇。

你想换个别的什么地方吗？你目前在军队里、学校里或企业里的职位，是你自己的选择，还是迫于法律或家庭的压力而做出的无奈之举？要是你全靠自己的计划和决定行事，你要么变成过分胜任者，要么就变成过分不胜任者。

表面上的例外之五：世袭晋升

有些老式家族企业的老板，往往把自己的儿子看成正式员工。这些孩子将从组织基层干起，并按照彼得原理向上爬。自然，这些老板对层级组织的热爱、对企业保持效率和赢利能力的渴望、对公平的严格要求，胜过了他对家人的天然亲近感。

即便如此，家族企业的老板还是常常把儿子放到高层，他们以为，无需经过层层晋升，儿子就能接管企业的大权——正如俗话所说，"继承老爸的衣钵"。

因此，我把这类安排叫做世袭晋升。

世袭晋升的执行，主要依靠两种方式。

世袭晋升方法一

开除或利用蔓藤式晋升、冲击式晋升搞掉现任职员，好为世袭者腾出空位。这种晋升方式较少采用，因为它可能会引起员工对新上任者的反感。

世袭晋升方法二

为世袭晋升者安排新职位，并冠以一个给人留下深刻印象的职衔。

对上述方法的解释

在阶级制度下，某些受宠信的人能够越过阶级障碍，直接进入组织的高层，无需从底层干起。世袭晋升者只是这类人中的很小一部分。

有时，新员工进入高层能提高产出。因此，世袭晋升者不会在层级组织之外造成反感。

世袭晋升者的出现，总会在一定程度上造成其他组织成员的不满。实际上，员工对晋升过程极为敏感（这就是所谓的"彼得倾向"），他们希望自己从前怎样升上来,后人就怎样再升上去。因此,他们大多会痛恨通过其他方式安插进来的人。

当今的世袭晋升

由一个人控制并可任意在高层安插直系亲属的家族企业,如今已经是稀有品种了。但世袭晋升依然以同样的方式存在,只是晋升者不见得和任命他的官员存在亲戚关系。

让我引用一个典型的例子。

世袭晋升档案 A. 普厄费是 Excelsior 市健康卫生部门的主任,他发现财政年结束时还将剩下一部分没用完的预算。当时市民们早已不再受流行病的折磨;Excelsior 河也不再像往年那样泛滥成灾,淤堵市政排水系统;两位副主任(一位负责健康系统,一位负责城市卫生)都是热心、称职、有经济头脑的人。

正因为这样,预算还没花完。普厄费意识到,要是他不赶紧采取行动,下一年的预算肯定会被裁减。

他决定安排第三名副主任,由此人负责"防止乱扔垃圾,美化市容"项目。刚从普厄费母校的工商管理学院毕业的 W. 匹克威克,被选中担任此职。

匹克威克又加设了十一个新职位:一名防止乱扔垃圾的督导员,六名垃圾视察专员,三名办公室女职员,一名公共关系专员。

公共关系专员叫 N. 沃兹沃斯,他组织了小学生作文比赛、成人诗歌会和海报设计比赛,委托制作了两部电影,一部宣传防止乱扔垃圾,一部宣传市容美化。电影将由一位独立制片人拍摄,他是沃兹沃斯和匹克威克在大学戏剧社的老朋友。

事情进展非常顺利：普厄费主任成功地使预算超支，并且为下一年度争取到了更多预算。

当代的"子承父业"

如今的政府存在许多"继承老爸衣钵"的情况。名目繁多的新项目占用了联邦政府的预算——向污染宣战、向贫困宣战、向文盲宣战、向孤独宣战、向不法活动宣战，等等。

一旦钱拿到手，人们就想办法把钱花掉。设置一个新职位——反贫困协调员、选购图书顾问、老年市民福利项目筹办专员，或者任何你想得出来的名目。然后就找人来担任这个职位，也就是让他继承衣钵——不管合适不合适。

这些世袭继承者，有些可以解决当初设立该职位时所提出的问题，有些不能——但这无关紧要，重要的是他必须有能力并且乐意花钱。

彼得原理没有漏洞

上述人事安排是符合彼得原理的。只要继承了衣钵，胜任与否并不重要。如果继位者胜任，他必定会有往上晋升的资格，并一直升到另一个较高的、无法胜任的级别。

结论

所谓表面上的例外并不是真正的例外。彼得原理适用于所有层级组织的所有员工。

The Peter Principle

第4章

提拔和晋升

长期提拔、大力提拔，提拔再提拔。

——查尔斯·狄更斯

你已经了解到彼得原理的不变性和普遍适用性，但你或许仍想知道你在层级组织中的晋升需要花费多长时间。第4章和第5章将为你解开这个困惑。首先，让我们好好看看通过提拔方式而获得的加速晋升。

"提拔"的简短定义

我给"提拔"做的定义是：员工和层级组织里的上司有血缘、姻亲或熟识关系。

被提拔者不得人心

我们以及所有其他的人都讨厌通过提拔获得的晋升。同事们嫌恶提拔的受益人（也就是被提拔者），并且往往通过批评此人不称职来表达自己的厌恶感。

W. 金斯曼当上Excelsior市的督学之后，他的女婿L. 汉克尔便晋升为音乐科的督管员。一些教师当即就提出批评说，汉克尔连听力都有问题！他们认为，按资历来说（强调输入），音乐科督管员的职位应当属于D. 罗恩。

嫉妒是不讲道理的：罗恩听过太多学校唱诗班和管弦乐队的表演，对音乐和孩子都讨厌得要命！显然，要是他来担任音乐科督管员的话，并不见得比汉克尔更称职（从产出的角度而言）。

这也就是说，老师们真正反感的并不是汉克尔的不称职，而是反感他破坏了排资论辈的晋升体制。

层级组织中的员工并不是真的反对不胜任（彼得悖论）：他们批评不胜任，只是为了掩盖自己对被提拔者的嫉妒心。

所谓贵人，就是在层级组织里级别比你高、能帮助你晋升的人。

插画标题：悲观主义者

模范职员："如果方便的话——我能请一个星期的假吗？一件——家庭惨剧，先生——"

老板："喔，当然没问题——哎呀，我真替你遗憾。是哪位近亲过世了？"

职员："呃——嗯——啊——是——您误会了——我是说，先生——我要结婚了！"

画家：查尔斯·基恩（Charles Keene）

绘制年份：1886

如何获得提拔

有些人或许会研究被提拔者的事业发展，将之与能力相等，但并未获得提拔的员工相比。针对想要成为被提拔者的人，我把自己研究的结果归纳为五点切实可行的建议。

寻找贵人

所谓贵人，就是在层级组织里级别比你高、能帮助你晋升的人。有时你得费尽心思地分析到底谁掌握（或不掌握）这种权力。你大概以为，你的晋升取决于直属上司对你的评语好坏。这种想法有可能是对的。但更高的管理层或许早就看出你的直属上级已处于不胜任阶层，因此觉得他的推荐和好恶无关紧要！因此不要想得太肤浅，要深入挖掘，才能找出真正的贵人。

打动贵人

"缺乏动机的贵人等于没有贵人。"在层级组织里，你要找出贵人在帮助你之后能得到什么好处，或者不帮助你会有什么损失。

我在研究中搜集了不少有关打动贵人的案例，有一些讨人喜欢，有一些却肮脏透顶。在本书中，我不打算引用它们。我更愿意把这一点当做对读者的测试——一种我称之为彼得之桥的测试。如果你不能靠自己走过这座桥，你就已经到达了自己的不胜任级别。那么即便我提出再多的建议，也帮不了你的忙。

以退为进

"康庄大道就是最好的路。"

设想你正在游泳池里，努力想爬上高高的跳水板。爬到一半的时候，你的去路被另一个也想往上爬的人挡住了。那人现在勇气尽失，双眼紧闭，绝望地死死抓住栏杆。他不会掉下去，可他也没法爬得更高，你又没办法绕过他。在这种时候，虽然站在跳水台上的朋友为你加油呐喊，但无济于事。

同样，在工作上的层级组织里，如果某个身处不胜任级别的人，把持着你的上一级职位（挡路人），那么不管是你自己的努力也好，贵人的提拔也好，都不能发挥效果。我把这种尴尬的局面称为彼得窘境（也就是说，事情变得很糟糕，陷入了困境，等等）。

让我们回到刚才假想的游泳池。要爬到高处的跳水板，你必须离开被挡住的梯子，爬到另一侧没有障碍的梯子上，再顺利地爬到顶端。

在层级组织里也一样，你必须摆脱挡路人，进入另一条没有障碍物的晋升通道。这种策略，我称之为彼得迂回法。

在采用彼得迂回法之前，你必须确定自己真的处于彼得窘境当中——比方说，你的上司是个真正的挡路人。如果他还有资格获得晋升，那他就不是挡路人，你不必躲到一边去。只要多加一点耐性，稍稍等上一阵子，他终将获得晋升，于是就出现了空缺，你的贵人就能施展他非凡的本领了。

至于如何正确判断上级是不是挡路人，请参见本书第11~12章所阐述的内容。

灵活机动

每个贵人对你的帮助，都有一定的限度。这就好像一名有经验的登山运动员只能帮助较弱的登山者爬到跟自己一样的高度。带头人必须继续往上爬，才能把后进者带到更高处。

如果第一位贵人无法爬得更高，那么被提拔者必须找到另一位能爬上高位的贵人。因此你得随时做好准备，等时机一到，你就能效忠另一位职位更高的贵人。"新贵人永远是最好的贵人！"

寻求多位贵人相助

"多名贵人的共同提拔，其效果等于每位贵人单独的提拔与贵人数量之积。"（赫尔定律）之所以能产生这种乘数效应，是因为贵人们在彼此之间的谈话中，不断强化着你的优点，因此他们下定决心要为你做点什么。如果你只有一位贵人，你就无法利用这种强化效果。所以，"多个贵人必定会带来晋升。"

还等什么？向上爬吧

只要遵循上述提示，你就能获得提拔。提拔能提高你在层级组织中的上升速度。它能让你更快到达属于你的级别。

The Peter Principle
第5章

奋发进取和晋升

若你消沉,世界与你一同跌落谷底。若你力争上游,唯有孤身向前。

接下来，让我们看看奋发进取对员工的晋升几率有什么样的影响。

人们对奋发进取存在诸多误解，主要是因为赫罗西·阿尔杰[一]蓄意夸大了这种晋升方法的效果。阿尔杰的作品倡导盲目的、不科学的激情，极大地阻碍了层级组织学的发展，因此，我们必须破除对它的迷信。

同样，诺曼 V. 皮尔[二]似乎也高估了进取的作用。

推翻谬论

根据我对现存组织的调查，资历因素所施加的压力，足以抵消进取的上升力。同时，我还观察到，提拔比进取更有效。提拔往往能克服资历因素，进取却很难做到。

光靠积极进取，你摆脱不了彼得窘境。光靠积极进取，你也无法成功地施展彼得迂回法。运用迂回法却不借助贵人的提拔，只会让你的上级说，"他干什么都不能坚持长久。""一点也没个耐性！"诸如此类的。

进取对已经达到晋升极限的人也没什么效果。这是因为，每一个员工，不管他敢闯敢干，还是缩手缩脚，都要遵循彼得原理这一规律，也就是说，迟早会达到自己的不胜任阶层。

奋发进取的迹象和征兆

奋发进取有时候表现为：对学习、职业训练、自我提升课程显示出异乎寻常的兴趣（在少数案例中，特别是小型层级组织里，这类训练能够提高员工的胜任能力，稍微加快其晋升速度。但在大型层级组织里，资历因素更为强大，因此上述努力的效果微不足道）。

[一] 赫罗西·阿尔杰，Horatio Alger, Jr., 1832—1899，著有《力争上游》（*Struggling Upward*）、《稳扎稳打》（*Slow and Sure*）等多部作品。——译者注

[二] 诺曼V. 皮尔，美国励志作家，著有《积极思考的力量》（*The Power of Positive Thinking*）等多部作品。——译者注

奋发进取的风险性

如果员工胜任的领域增加了，他可能需要更多的晋升步骤才能到达不胜任级别，在这种时候，学习和自我提升会产生负面效果。

假设 B. 赛勒斯是 Excelsior 床垫公司一位能力出众的地区销售代表，他通过努力学习，掌握了一门外语。于是很可能出现这样的情况：他必须到公司的海外销售机构担任一两个职务之后，才能回国晋升为销售经理，达到他的不胜任阶层。学习反而为赛勒斯的晋升计划制造了阻碍，使他走了弯路。

最终结论

根据我的判断，学习与训练的积极作用和消极作用往往会相互抵消。这一结论也适用于其他奋发进取的表现方式，比如某个员工早到迟退挣表现。这种近乎要权谋式的做法，固然会受到一些同事的赞赏，但也会引起其他同事的嫌恶，从而使此人多花的心机变成无用功。

一个并不算例外的例外

当然，你偶尔也会发现一个特别进取的员工，他通过公平或肮脏的手段，取代了某个挡路人，扫清了前进道路上的障碍，为自己腾出了一个较高级别的空位，从而比正常速度更快地获得了晋升。

莎士比亚在《奥赛罗》中描写了一个有趣的例子。在第一幕第一场中，野心勃勃的埃古哀叹晋升取决于贵人的提拔，而不是严格的资历规定：

> ……这是当部属的悲哀，
>
> 晋升必须靠推荐和私情，
>
> 而不是按资历依次递补。

埃古想要的晋升被卡西欧夺去了。埃古想了一条两全之计，不仅要干掉卡西欧，还要让指挥官奥赛罗不再信任他。

计划本来要成功了，但埃古的妻子埃米莉亚是个不可救药的长舌妇：

> 哪怕天神、世人、魔鬼
>
> 都辱骂我，
>
> 但我仍将说出来！

于是她泄漏了风声，埃古再也得不到他垂涎的职位。

埃古的命运带给我们一个教训，保守秘密是奋发进取的首要条件。

当然，像埃古这样积极进取的例子终归罕见，因此不足以影响我对进取因素所做的评价。

危险的错觉

人们为什么常常高估奋发进取的力量呢？主要有两个原因。首先，人们错误地认为，比普通人更积极进取的人，也就比普通人晋升得更高更快。

显然，这种看法是没有科学根据的——它只是一种妄想式的说教，我称为阿尔杰情结（Alger Complex）。

医学观点

对于没什么经验的观察者来说，有时奋发进取的力量显得比实际力量更大，是因为很多积极进取的人都患有冒牌成功综合征（Pseudo-Achievement Syndrome）。

他们饱受神经崩溃、胃溃疡和失眠症等疾病的折磨。尤其是溃疡，简直等于行政成功的勋章，因为只有积极进取者才会患上这种病。

不了解情况的同事或许会把这种病人归到"晋升极限综合征"里去（请参见第11章），并且以为他们已经到了晋升的极限。

实际上，冒牌成功综合征患者大多还有好几个级别可升，晋升潜力也还有几年。

重要的区别

冒牌成功综合征和晋升极限综合征略有不同，我称之为"彼得细微差异"。在归类这两种案例时，你应当随时记得问自己："这个人的工作有成效吗？"如果答案是：

（1）"是的"——那么他还没有达到不胜任级别，因此他所表现的只可能是冒牌成功综合征。

（2）"没有"——那么他已经达到不胜任级别，因此他表现出的是晋升极限综合征。

（3）"不知道"——那么，你已经达到了自己的不胜任级别。请火速检查自己的症状吧！

对进取者的最后忠言

如果能坐，绝不要站着；如果能开车，绝不要走路；如果能找到贵人提拔，绝不要奋发进取。

The Peter Principle
第6章

部下与领导者

要想好什么在前,什么在后。

——P. 赛鲁斯(P. Syrus)

砰！砰

尽快破除从层级组织前科学时代徘徊至今的各种谬论，是我面临的一个紧迫任务。

比如说，类似"成功就是最大的成就"这种话，最容易让人误解。

从本书前面各章的内容，读者很容易了解到，层级组织学清晰地指出，当员工晋升到不胜任级别时，没有什么是比成功更失败的了。

此外，在我稍后讨论到"创造性不胜任"的时候，我还将指出：失败才是最大的成功。

在本章中，我主要讨论以下这句古老的谚语："只有做个好部下，才能当上好领导。"

这是层级组织管理层中普遍流传的谬论。举个例子，有人请教乔治·华盛顿的母亲，问她儿子怎么掌握了军队的大权。她回答说："因为我总是教他要服从。"于是这种毫无逻辑的推论就在美国盛行开来。可是，领导能力怎么可能建立在服从能力的基础上？那倒不如干脆这样说，物体的浮力取决于它的下沉力。

从部下到领导者

让我们举一个最简单的例子：假设层级组织只有两个等级——服从命令级和发布命令级。如果员工善于服从命令，就可以晋升到发布命令的等级。

同样的原理也适用于较复杂的层级组织：在较低级别上，胜任的部下具有较高的晋升潜力，但等他当上领导，却表现出明显的不胜任。

最近人们对企业经营失败问题进行了调查，结果发现，53%都是因为管理不称职！这些管理者从前都是好部下，可当领导却不是那么回事。

军队档案 N.查特斯是某陆军基地一名称职的行政工作人员。他和各级单位都合作无间，并能愉快、准确地服从命令。简而言之，他是一个出色的部下。后来，他被升为少校，有了极大的工作自主权。

查特斯无法忍受伴随权威职衔而来的孤寂感。他老爱跟部下说闲话，开玩笑，妨碍他们的工作表现。他不懂如何下命令，也不懂该如何放手让下属去执行：他老是提出一些不必要的建议。在这种折磨之下，查特斯的下属们变得效率低下，情绪低落。

查特斯还经常到上校办公室消磨时光。要是他没找到正当理由跟上校多说点话，他就跟上校的秘书磨嘴皮子。秘书小姐碍于情面，不好意思直接叫他出去。于是她的工作就给耽搁了。

上校为了摆脱查特斯的干扰，打发他到基地各部门之间听候差遣。

在这个例子中，一个出色的部下晋升到领导岗位，结果：
（1）未能发挥领导作用。
（2）降低了部下的工作效率。
（3）浪费了上级的时间。

自我奋斗档案 从实际情况来看，在大多数层级组织中，最具领导潜力的员工一般当不上领导。让我举一个例子。

W. 惠勒（W. Wheeler）是墨丘利快递公司（Mercury）的送货员。他把送货工作系统化到前所未有的程度。例如，他发掘并标注出自己负责区域的每一条小弄、窄巷和捷径；他用秒表算准通过每个红绿灯所需的时间，这样一来，他就能给自己安排出一条毫无延误的送货路线。

于是，惠勒每天总能提前两个多小时送完货物，他利用这段时间到咖啡馆阅读商业管理书籍。而当他开始帮助其他送货员重新安排路线时,就被开除了。

从此时的情况来看,他似乎是个失败者,一个因为过分胜任而遭到阶层淘汰的例子,也是"糟糕下属—糟糕领导"理论的一个活生生的证明。

可没过多久,惠勒就成立了自己的飞马快递公司,并在短短三年之内,把墨丘利快递公司挤出了快递行业。

由此可见,特别具有领导才能的人,无法在现有的层级组织里发挥所长。通常这种人需要摆脱层级组织的束缚,到别的地方重起炉灶。

名人档案　爱迪生在当报童时因为不胜任而被辞退,后来创建并成功地领导了自己的组织。

惠勒把送货工作系统化到前所未有的程度。

插画标题:好个厚脸皮
"先生,问候你老板?"
画家:A. C. Corbould
绘制年份:1885

罕见的特例

在特殊环境下，领导潜力偶尔也能得到认可。例如，在一场战役中，敌人发起夜袭，军队某单位的军官全体阵亡。下士胆大先生假装指挥官，率领战友痛击敌军，化险为夷。于是他在战场上获得了晋升。

如果是在和平时期，胆大先生肯定得不到这样的晋升机会：他主动精神太强了。只有在级别和资历的常规体制陷入混乱、层级组织遭到破坏或暂时中断的时候，他才会获得晋升。

难道彼得原理不适用了

读到此处，你或许觉得很困惑。彼得原理不是说胜任的员工总有资格获得晋升吗？那我岂不是前后矛盾？

不矛盾！

我们在第3章说过，员工的胜任不是由中立的观察者，比如你我这类人评定的，而是由雇主——或是现在更常见的，由同一层级组织中级别更高的其他员工来判断。在这些人眼里，具有领导潜力就意味着不服从，不服从就是不胜任。

好部下并不能成为好领导。诚然，好部下可以获得多次晋升，但这并不能让他成为领导者。如今大多数层级组织都制定了各种纷繁复杂的规章制度和传统，更不要说还有法律的约束。这使得高层员工也无需进行真正的领导，他们不必指明前进方向，也用不着安排前进步伐。他们只需沿用惯例，遵守规定，走在人群的前头。这类员工的领导方式，就像是船头雕刻的木头人一样，不过是摆个样子。

我们很容易看出，在这样的环境下，真正领导者的到来会引起他人的恐惧和怨恨。这叫做优势者的恐惧，更专门的层级组织学专家还会将之称为优势者的恐惧情结（也就是害怕下级跑到前头的心理）。

The Peter Principle
第7章
层级组织学和政治

> 人类的历史就是一片浩瀚无边的错误之海,偶有暧昧不明的真相点缀其间。
>
> ——意大利法学家贝卡利亚(C. de Beccaria)

在前面的内容里，我们已经看到彼得原理如何在一些简单的层级组织中运作，比如学校、工厂、汽车修理厂，等等。现在让我们来分析一下更为复杂的政治和政府层级组织。

在一次讲演中，一名拉美裔学生恺撒·依诺森（Caesare Innocente）说："彼得教授，我怕自己的研究完全无法解答我内心的疑惑。我不知道统治这个世界的，到底是像你们美国人所说的'率领我们前进'的聪明人，还是呆得透顶的笨蛋。"依诺森的问题概要表达了很多人心中的感受，但社会科学却无法提供一致的答案。

到目前为止，还没有哪位政治理论家能圆满地分析出政府的运作状况，准确地预测未来的政治走向。根据我对比较层级组织学的研究，资本主义制度同样存在冗员和不胜任员工的问题。因为我现在的研究尚待完善，所以我把下面的内容称为"期中临时报告"。如果有机会获得科研基金，我会完善对比较层级组织学的研究。再之后，我打算研究更具普遍性的层级组织学。

期中临时报告

只要碰到经济或政治危机，总有一件事确凿无疑——学问渊博的专家们总是会拿出各种不同的对策来。

碰上预算不平衡：A 专家说"提高税率"；B 专家说"降低税率"。

碰上外国投资者对美元失去信心：C 专家说"紧缩银根"；D 专家说"鼓励通货膨胀"。

碰上街头暴动：E 专家建议"资助穷人"；F 专家号召"鼓励富人"。

碰上外国势力发起威胁：G 专家说"打他个落花流水"；H 专家说"不如以和为贵"

为何如此混乱

（1）很多专家实际上已经到了不胜任级别：他们的建议荒谬不经，毫无意义。

（2）某些专家的学说有道理，但无法将其付诸实践。

（3）在任何情况下，无论是合理的还是不合理的提议都无法有效实施，因为政府本身是一套巨大的、环环相扣的层级组织，各个级别上都充斥着不胜任者。

让我们从政府的两大分支机构，即制定法律的立法机关，以及通过公务员执行法律、强化法律的行政机关着手分析。

立法机关

当代大多数立法机关都是通过普选产生的——即便非民主体制国家也是如此。我们或许以为，选民必然会根据自己的利益选出能力最强的政治家代表他们出席议会。自然，代议政府制度的简化理论的确如此。但从实际情况来看，整个过程要复杂得多。

当今政治是由政党制度所控制的。有些国家只有一个官方党派；有些国家有两个；有些国家则有若干个政党。人们天真地认为，政党就是一群想法相同的人为了进一步推动共同的利益而互相合作。但这种看法早就过时了。当代政党的主要功能完全在游说（lobby）上，有多少特殊的利益集团，就有多少说客。

这也就是说，当代政党存在的主要目的就是提名候选人，并促使他们顺利当选。

一个濒危物种

当然，我们偶尔还能见到没有政党背景，依靠自己努力参选的"独立"候选人。但政治选举的巨额支出，使得这一现象在地方和地区选举中日益稀少，在全国选举里更是闻所未闻。

因此，说政党控制着当代政治选举，是站得住脚的。

政党的层级体制

正如我们所知，每一个政党都是一个层级组织。诚然，大多数成员为政党义务工作，甚至主动缴纳党费，但政党中依然存在着严谨的阶层结构，有着一套明确的晋升制度。

此前我已经讨论过彼得原理适用于受薪工人。现在,你将看到,它同样适用于政党类层级组织。

政党和工厂、军队一样,胜任是下一步晋升的必要条件。一个称职的当地上门助选员有资格获得晋升;他或许可以获准组织助选小组。不胜任或是让人讨厌的助选员则只能继续挨家挨户地敲门,让选民对他敬而远之。

手脚麻利的传单装发员有可能成为传单装发组的组长;不胜任的传单装发员则只能继续笨手笨脚地往信封里装传单,有时往信封里装两份宣传单,有时信封里什么也没有,有时折错传单,有时又把传单掉在地上,诸如此类——只要他还留在党内工作,他就会这么干下去。

在政党中,胜任是下一步晋升的必要条件。

插画标题:选民智慧

聪明的投票人(在投票站):"他是个好人,挺结实的,头有点秃。我想投他的票——但愿我知道他叫啥!!"

画家:E. T. Reed

绘制年份:1892

胜任的筹款人可能会晋升为提名委员会的委员。虽然他擅长讨钱，但或许并不擅长判断谁是合适的立法人，从而支持不胜任的候选者。

哪怕提名委员会的大部分委员都能胜任选拔人才的工作，仍有可能选出不胜任的候选人——因为他们的选择标准，并不是候选人立法智慧的高低，而是他赢得选举的潜力！

一步登天：从候选人到立法者

过去人们靠大型公众机会决定选举结果，因此公开讲演是一门崇高的艺术。口才诱人的雄辩家有希望成为政党的提名人，而候选人里最棒的雄辩家则可能赢得席位。可是，有能力当着上万选民的面，用声音和手势吸引、取悦、煽动他们，并不意味着此人对国家事务有着清晰的认识，能够冷静地思辨并做出明智的决策。

随着电视选举技术的发展，政党在决定候选人时，可能会选择在电视上表现最佳的人。然而，能在荧光屏上展现出诱人的形象——靠着化妆和灯光的帮助，并不能保证此人在立法岗位上会有称职的表现。

在新旧制度下，有很多候选人都一步迈上了立法者的职位，但从实际效果上来说，他们只是到达了自己的不胜任阶层。

立法机关里的不胜任

立法机关本身就是一个层级组织。当选代表若是不胜任日常工作，就无法获得晋升。

胜任的普通立法代表则有资格晋升到权力更大的职位上——当选某个重要委员会的委员，委员会主席，或者（在某些体制下），当上内阁大臣。但在这些阶层中，晋升者都有可能不胜任。

因此，我们可以了解，彼得原理控制了政府的整个立法分支，从地位最微不足道的党派宣传工人到高高在上的当选议员。每个人都倾向于向上晋升，而每个岗位迟早都会被无法履行职责的不胜任者把持。

行政机关

看到现在,你显然已经明白,彼得原理同样适用于行政分支:全国和地方各级政府机构、部门、办事处等。从警察到军队,全都是由各级受薪员工组成的僵化层级组织,因此必然充斥着大量不胜任的员工,他们完成不了工作,得不到提升,可也不能开除。

任何政府,不管是采取民主还是独裁,或是自由企业制度,当其层级组织达到一种过分成熟的状态时,注定会面临瓶颈。⊖

平等主义和不胜任

如果文武官员的任命全凭上级的个人好恶,情况可能更糟糕。在当今强调平等主义的时代,这么说似乎显得太异端,但请让我稍做解释。

假设有个国家叫提拔国,当地没有公务员考试,人们听都没听说过什么机会均等和按功绩晋升。提拔国的阶级制度十分僵化,所有层级组织——政府、商业、军队和教会——的高级职位全都保留给统治阶级的成员。

你或许注意到,我避免使用"上层社会"这种表达方式,因为这个词的含义不太合适。它一般指贵族或出身上流社会的人。但我所提到的"统治阶级",它和"隶属阶级"的区别仅在于宗教、才干、种族、语言和政治派别的不同。

在提拔国里,以什么标准划分阶级并不重要,重要的是该国存在统治和隶属两个阶级。下面这幅图代表该国典型的金字塔形层级组织。

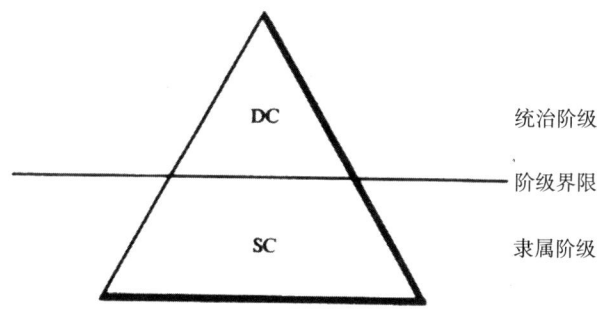

⊖ 层级组织的效率和其成熟商数成反比。成熟商数(Maturity quotient, MQ)计算公式如下:MQ = 到达不胜任级别的员工数 × 100 ÷ 该层级组织的全体员工数。显然,当MQ达到100时,该层级组织就无法完成任何有效工作了。

较低的阶层——也就是隶属阶级区——由隶属阶级的员工充任。不管他们能力多出众，也没有资格越过阶级界限，进入统治阶级。

较高的阶层——也就是统治阶级区——由统治阶级的员工充任。他们无需从层级组织的底层干起，而是直接从阶级界限上面的部分开始。

显然，由于阶级界限的存在，在较低的隶属阶级区，很多员工得不到足够的晋升，因此也就不可能到达不胜任级别。他们一辈子都将从事自己能干得很好的工作。没有人能够跳出隶属阶级区域，这样一来，这个区域反而保存了大量胜任的员工。

也就是说，在层级组织的较低阶层上，阶级界限的存在带来了较高的工作效率。

再来看看阶级界限上方的统治阶级区。我们已经知道，员工达到不胜任阶层的可能性和层级组织里的阶层数量成正比，即阶层越多，员工越容易达到不胜任阶层。而统治阶级区，实际上是一个阶层较少的封闭式层级组织。那么，显而易见，很多员工永远也不会达到自己的不胜任阶层。

此外，从金字塔顶端开始晋升的方式，会把一些才华横溢的员工吸引到层级组织中来。如果这些人被迫从基层干起，永远也爬不到这般地位。

让我们再从另一个角度看看。在第9章，我将讨论效率问题，我的结论是：要提高组织的效率，唯一有效的方法就是往组织高层注入新鲜血液。而在当今大部分制度下，只有组织供血不足时——比如组织改组或急速扩张——才会发生大规模输血的情况。但在提拔国的层级组织中，这是一种持续不断的过程：新员工定期进入阶级界限之上的高阶层工作。

由此可见，在提拔国阶级界限上下的统治阶级和隶属阶级，其层级组织比平等社会中的组织更有效率。

当代阶级制度

在各位控告我推崇阶级制度可取之前，请允许我指出，我们本来就有一套现存的阶级制度。这种阶级不是按照出生背景，而是根据就读大学的声望决定的。比如说，哈佛大学毕业生就叫"哈佛人"，但野鸡大学的毕业生可不会叫做"野鸡人"。在一些层级组织中，不出名大学的毕业生——不管他本人多么胜任，获得的晋升机会，始终比不上名牌大学毕业生。

情况正在发生变化。越来越多的职位，甚至包括某些最低级的职位，都要求充任者必须具备大学以上学历。这提高了大学毕业生的晋升可能性，从而消除了名牌大学文凭的阶级价值。

由于缺乏调研资金，我个人对这一现象的研究尚不完善，但我斗胆做出预言：不管是在私营企业还是政府，大学毕业生到达不胜任阶层的可能性会逐年递增。

The Peter Principle

第8章

前人的暗示和预言

诗人是神秘灵感的祭司。

——英国诗人雪莱

按照惯例，每一部科学著作都会附上参考书目，列出早前论述同一主题的作品。这么做的目的或许是考验读者能否按图索骥地完成令人望而生畏的阅读过程，也可能是证实作者从浩如烟海的资料中筛选出了可贵的真理。

由于本书是探讨层级组织学的第一本著作，因此无法提供正式的参考书目。我承认，从学术的角度来说，这显然是个瑕疵，但我从来不是个江湖骗子，我相信，未来能够证实我的"异端邪说"。

基于上述考虑，我决定列出一些作家，尽管他们从未写过这个主题，但要是他们想过的话，或许早就写出来了。因此，以下内容可以视为层级组织学建立之前的参考书目。

有些格言的无名氏作者凭借直觉理解了不胜任理论。

"补鞋匠啊，做好你的分内事。"——这句话显然是在警告告别了学徒期的补鞋匠，要他们当心，别被提拔成修鞋厂的工头。一双擅长挥舞锥子和铁锤的手，可能一碰上钢笔、工时卡和时间进度表就打哆嗦。

"厨子太多，熬不出好汤。"暗示参与项目的人越多，越有可能让工作人员——至少是其中的一人——达到不胜任阶层。称职的白案晋升为不胜任的厨师后，可能往汤里放太多盐，从而毁了其他六名厨师共同的劳动成果。

古波斯诗人 O. 伽亚谟在其诗集《鲁拜集》(*Rubaiyat*)里，大肆地嘲笑了教育和宗教组织的高度不胜任：

> 年轻时候，我曾热切向往
>
> 博士和圣人，我听他们
>
> 高谈阔论，一遍又一遍
>
> 但我总是，一无所得。

我在其他地方曾提到过，人类具有"组织阶层化的本能"，也就是克制不住地要把自己划分阶层。有人否认存在这种本能。可英国诗人波普（A. Pope）在200年前就注意到了这个问题，并把它看成一种神圣的原则：

> 伦常次序是上天的第一道法则；
>
> 有些人必然比其他人，更伟大。

（选自长诗《论人》(*Essay on Man*) Epistle IV, 11. 49~50）

他准确地观察到，从事胜任的工作，能给人带来满足感：

> 要知道，人人都在追求幸福
>
> 上帝和自然都为人类所设
>
> 一切理性和感性的愉悦
>
> 全都来自三个词：
>
> 健康、平静、力所能及。

（同上，11. 77~80）

波普还阐明了层级组织学的一个重要原则：

> 人会怎样呢？他想越飞越高，
>
> 但却无力达到真正的完善。

（选自长诗《论人》(*Essay on Man*) Epistle I, 11. 173~174）

换句话说，员工总是对自己胜任的级别感到不满意：他执意要升到一个力所不能及的阶层去。

美国小说家 W. 欧文（W. Irving）指出："迂腐鲁钝的人大多喜欢担任公职，而且特别容易晋升到高层位置。"但他没有意识到，有些人在下属岗位上或许聪明干练，可晋升到重要职位时就显得驽钝了，就好像蜡烛照亮餐桌绰绰有余，但用来当街角的路灯就不够亮了。

在诗人的作品中，我们似乎还能找到一些更科学的观点，比如说狄金森（E. Dickinson）。

> 对从未成功过的人
>
> 成功的滋味最甜美

如果成功指的是层级组织上的晋升极限，也就是到达不胜任阶层时，这句话在心理学上很站得住脚。

在所有早期作家中，弗洛伊德的发现似乎最接近彼得原理。通过对神经衰弱、焦虑、心理忧郁和健忘等案例的观察，他发现这种"普遍生存不胜任综合征"非常普遍。

这种对生活的不胜任自然使人产生了强烈的挫败感。弗洛伊德本质上是个讽刺家，他用和性有关的术语来解释挫败感，比如阳具崇拜、阉割情结和恋母情结等。换句话说，他认为女性感到挫折，是因为不能成为男人；男性感到挫折，是因为不能生孩子；男孩感到挫折，是因为不能和母亲结婚，等等。

在思考的过程中，弗洛伊德忘记了一点：挫折来自对更向往职位的渴望。也就是说，挫折就是对晋升的渴望！然而，层级组织学告诉我们，挫折是晋升的必然结果。

弗洛伊德的这一疏忽，在于他极为内省的性格：他只研究病人的内心世界（或者说，他所想象的病人的内心世界）。而层级组织学，则需要研究病人以外的世界，研究人类操纵的社会秩序，从而根据实际情况解释人类在这种秩序中所发挥的作用。弗洛伊德探求的是人类潜意识中的阴暗面，而我则把精力花在可观测的人类行为上。

弗洛伊德式的心理学家无法解答人类在社会上的机能，这就好像一个从来没见过电子计算机的人，还没搞清楚它到底是干什么的，就忙着理解它的内部结构和机制。

当然，我们不能抹杀弗洛伊德的先驱伟业。虽然他误解的地方很多，但他也发现了很多。靠着对病人内心世界的深入观察，他建立起自己著名的理论：个人对自己的动机无意识，无法理解自己的情感，因此无法从自己的挫败中得到解脱。这套理论无懈可击，因为没人能清晰而合理地谈论自己潜意识的本质和内容。

靠着职业天赋，他发明了精神分析学，并声称他能帮助病人了解自己的潜意识。

后来他走得就太远了，他给自己做心理分析，宣称了解了自己的潜意识（现在有些批评家认为，弗洛伊德的一切成就，不过是让病人们了解弗洛伊德的潜意识）。无论如何，通过这种自我分析的程序，弗洛伊德破坏了自己理论的立足之本。

如果弗洛伊德对层级组织学有所了解，他就有可能避免迈出最后的一步，也就绝不会进入自己不胜任的领域。

总而言之，弗洛伊德的伟大理论建立在潜意识的不可知上，虽然他晚期破坏了这一理论的基础，但为继承者波特（S. Potter）指明了方向。

和弗洛伊德一样，波特也是一位爱挖苦人的心理学家（或者称作心理讽刺家）。他观察力敏锐，又敢于用令人难忘的独特术语形容自己的所见所闻，因此在心理学上的地位和弗洛伊德难分轩轾。

他也像弗洛伊德那样大量观察人类挫折感的各种现象，并加以分类。他称受挫折的基本条件是"处劣"（one-down），消除挫折感后的愉悦心情则"占优"（one-up）。他假定人存在一种本能的驱动力，从"处劣"状态进入"占优"状态。而实现这种转移的技巧，他称之为"心理优势法"。

波特和弗洛伊德的主要区别在于，他抛弃了弗洛伊德的潜意识动机说。他认为，人类行为是根据想要战胜他人和环境的有意识动机出发的，也就是想要达到"占优"的状态。他还驳斥了弗洛伊德认为病人必须获得专业治疗的说法，提倡另一种自助式心理疗法。他传授各种手段、技巧和策略，只要运用得当，就能帮助病人"占优"。

概要而言，波特用精心构建的理论表明，"优势人"、"生存人"和"投机人"都凭借各种不当行为，使自己晋升到社会、商业、专业或运动等层级组织的高层。

波特的写法十分有趣，这使我们有可能忽视该理论体系的重大弱点。他假定，如果"优势人"能够学会足够的手段，他就能不断晋升，永远保持"高人一等"的地位。

第8章 前人的暗示和预言

再多的优势也无法使人超越不胜任阶层。

插画标题：一个人趾高气扬，就该叫他知道这事

画家：W. T. Maud

绘制年份：1891

实际上，再多的优势也无法使人超越不胜任阶层。运用技巧的结果，只能使人提前到达不胜任阶层。而一旦到达了不胜任阶层，他便会陷入"处劣"状况，任何虚张声势的手法也于事无补。

因此，只有避免晋升极限，才能拥有持久的幸福。具体做法是在晋升过程中选取一个点，放弃"心理优势法"，转而使用"静止法"——让我们暂且如此称呼。在稍后的"创造性不胜任"一章中，我将说明如何做到这一点。

同时，我必须向波特这位真正伟大的理论学家致敬，是他弥补了弗洛伊德学说和彼得原理之间的缺口。

著名的社会理论家 C. N. 帕金森（C. N. Parkinson）曾准确地观察到并趣味横生地描写了层级组织中冗员的现象。他试图用自己所谓的"爬升金字塔"（rising pyramid）理论对此加以解释，也即假设高层员工采用分而治之的策略，故意降低组织的工作效率,以此作为权力扩张的手段。

这种理论存在以下缺陷。第一,它认为管理层必然具有某种意图或是存在蓄意的设计。但我的调查显示,很多高层员工根本没有能力(指出于分化、瓦解或其他目的)制定任何有效方案。

第二,帕金森所描述的现象——冗员和生产效率低下,大多和监管人员的真正利益背道而驰。如果企业因为效率过低导致破产,主管人员也会失业。至于政府组织,要是效率太低,其领导人则会遭到立法委员或调查专员的责难或羞辱。主管人员会选用这种方式故意伤害自己,实在令人难以想象。

第三,在其他条件相同的情况下,花在下级员工身上的工资越少,企业所得的利润越高,高层员工的工资、奖金、红利和附加福利也越多。如果1000名员工就能使层级组织有效运作,管理层没有理由雇用1200名员工。

假设说1000名员工无法使层级组织有效运转。根据彼得原理,很多(或绝大多数)高层员工已经到达了不胜任阶层。管理层无法利用现有员工改进当前状况——所有人都已经竭尽全力了——因此,为了提高效率,他们只好雇用更多员工。正如我在第3章中所指出的,增加员工可以暂时提高效率,但新进员工同样会在晋升过程中达到不胜任阶层,于是唯一的补救办法就是再次增加员工,再次暂时提高效率,并再次逐渐滑入无效率状态。

这也就是说,员工规模和有效工作量之间并没有什么直接的联系。帕金森的阴谋理论无法解释冗员现象:因为员工的增加,是层级组织的高级主管真心实意(然而却徒劳无功)地追求效率的结果。

还有一点需要指出,帕金森的理论基础建立在金字塔式或封建等级制度之上。这是因为,帕金森是在军队中完成这一理论的——而当时的军队还根深蒂固地残存着陈腐的传统和僵化的组织形态。

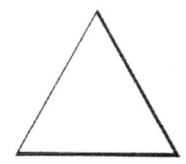

金字塔式或封建等级制度

当然，封建等级制度目前尚未彻底消失，但一套完整的层级组织理论体系，必须认识到其他层级组织的存在，并能解释其运作过程。

比如说，T字形层级组织。

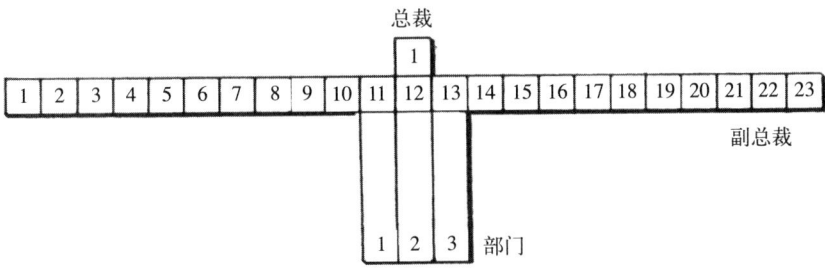

上图清晰地表明，该公司有3个主要部门、23位副总裁和1名总裁，这和传统的金字塔模型并不相符。

又比如自动化层级组织。

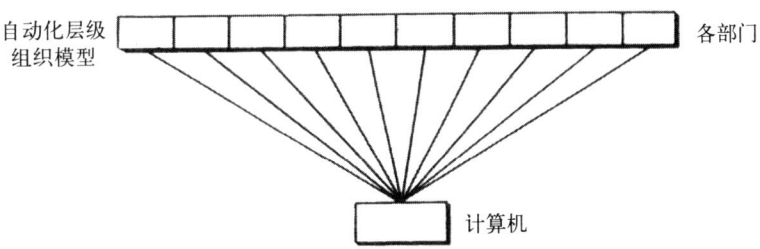

在这种新出现的组织形态中，金字塔最广泛的基层员工被计算机给取代了。

很多部门都只靠一台计算机支撑，形成了倒金字塔式层级组织。如果依靠一个高度自动化的生产过程维持大量主管、督导和销售人员，也会出现类似的情形。

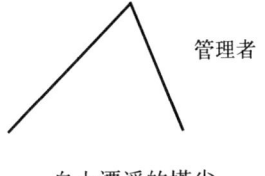

在第3章中，我描述过"自由漂浮的塔尖"这种形态——也就是管理者负责一个并不存在的部门，或是所有员工都被派到了另一部门，只留下主管一个人。

不幸的是，帕金森的发现走得还不够远。诚然，组织可以增加工作量，填满分配给员工的工作时间。但只要不胜任员工留在岗位上，工作量就可以一直不断地增加下去，直到组织的生命结束、公司破产、政府垮台、文明灰飞烟灭。因此，我们必须遗憾地抛弃帕金森那套貌似合理的诱人理论。然而，他也理应获得高度赞誉，正是因为他的发现，才使人们注意到了有关现象。现在，这些现象已由彼得原理首次做出了科学的阐释。

第9章

层级组织心理学

唉！注定不幸的牺牲者，照样得扮演他们的角色。

——英国诗人T. 格雷（T. Gray）

有一次做完层级组织学讲演后，一个学生递上来一张纸条，上面写着以下问题。"你对不胜任的游荡者描述得很生动，为什么不再给我们谈谈他们的心态？在到达晋升极限后，员工能意识到自己的不胜任吗？他能接受自己无所作为的寄生虫行为吗？他知道自己在欺骗老板、阻挠下属、像癌细胞一样蚕食着社会的经济结构吗？"最近也有很多人向我问起这类问题。

公正的调查

首先，我必须强调，层级组织学是一门社会科学，在进行评价的时候，应当使用客观的标准，而不能使用带有感情偏向的词，比如"游荡者"、"寄生虫"、"欺骗"或"癌症"这类字眼。尽管如此，不胜任者的心态倒是个值得考虑的问题。我素来站在客观观察者的立场研究行为科学。我发现彼得原理，靠的是观察显而易见的行为，避免使用内省法或妄自臆断他人心中的想法。

镜子，镜子，墙上的镜子

心态问题从本质上可归结成一个有趣的问题："一个人对自己无法应付的状况了解多少？"我对这一问题的回答难免过于主观，而且缺乏必要的科学严密性和逻辑性。

在大多数案例中，我发现不胜任者对自己的不胜任毫无意识。不过，当我对少数案例做了分析之后，我大概有能力写出精神层面上的报告。案例显示，患者会把自己的困境合理化，并把责任归咎于其他人。

患者进行的自我分析越是深入，就越是接受自己。可是，就我观察的范围内，还没有谁真正理解了层级组织制度，也没有人把晋升看成是工作不胜任的诱因。

精神病学档案 S.N.斯迪克是Bathos兄弟重金属处理厂一名称职的库房管理员。他在夜校努力学习，获得了仓库管理和初级冶金方面的学位。于是他被提升为仓库副领班。

在这个岗位上干了6年之后，斯迪克要求获得进一步的晋升。但领导认为他缺乏领导能力：他无法让仓库工人服从他的命令，因此他没有资格晋升为仓库领班。

斯迪克不能接受自己在监管职位上不称职的事实。他找借口说，他只有1.67米高，个子太矮，那些人高马大的仓库工人老是嘲笑他。

他买了增高鞋，连在仓库工作时也戴着帽子——这能让他显得高大些。他还参加了健身课，体重有所增加，结实的肌肉也长了出来。可仓库工人还是不服从他的领导。

斯迪克对自己的身体缺陷倍感苦恼，人也变得越来越抑郁，最后只好求助于精神治疗。

在治疗期间，哈蒂医生告诉斯迪克很多小个子成就大业的故事。可这却使斯迪克更加沮丧了，因为他发现自己不仅个子矮，而且还是个不起眼的失败者。他的自信心更为低落，只好继续当他的副领班，而且比从前更不胜任。

光有爱是不够的，光有精神治疗也是不够的

斯迪克的案例表明，不理解彼得原理，精神分析法在治疗由于职业性不胜任而造成的问题时，将处于极为不利的地位。

哈蒂医生被一件毫不相关的事情（也就是斯迪克的身高问题）转移了注意力，但实际上，斯迪克的问题很简单，那就是在Bathos兄弟重金属处理厂里，他已经达到了自己的不胜任阶层。任何精神治疗也无法改变这个事实。

如果医生能安慰斯迪克说，他继续担任仓库副领班并不是什么失败，而是一种成就，那他或许会感到些许宽慰。

如果医生还能帮斯迪克意识到，他并不是唯一不幸的人，每一个层级组织里的每一个人，都跟他一样要受到彼得原理的摆布，他或许会快活不少。

总之，我觉得理解彼得原理有助于分析各种不胜任者的案例。

光是了解也不够

有时候，管理层批准一项晋升后，就观察出并意识到被晋升者无法恰当地履行新职责。

"磨人精先生当上领班之后好像干得不怎么样。"

"看来好好先生还是不适合接上进先生的班。"

"羊毛衫小姐做文档室主任不怎么上手。"

有时候，员工也能发现自己并不胜任较高级别的职务。在这种情况下，洞察力只会让人产生更多的懊悔想法，并不能促使人采取行动。

他发现自己不仅个子矮，而且还是个不起眼的失败者。

插画标题：漂亮的反驳

蒙特·贝拉丝夫人（在被碰了几次后说）："鲁德先生，您碰着我了！您这不是在舞厅跳舞，是在室内划船呢！"

小博比·鲁德（著名的牛津赛艇手）："是这么回事！我带八个男人，也比带一个女人划得快呀!"

画家:G. du Maurier

绘制年份:1883

洞察档案 F. 奥瑞赫是Excelsior市某校副校长,他干得很称职,并被晋升为校长。但还不到一个学期,他就意识到自己无法胜任现在的工作。

他请求降职,但他的申请被拒绝了!

于是,他只好待在自己不胜任的级别上,继续做一个满腹牢骚的不幸校长。

外部观察者

如前所述,管理层和员工有时能够察觉工作不胜任的问题,但都没有办法纠正它。你或许会想:"怎么不试试职业能力倾向测试呢?效率评估测验也可以吧?来自组织之外的中立观察者,肯定能够诊断出不胜任状况,并提供恰当的补救措施。"

他们做得到吗?让我们来好好看看专家们是如何处理问题的。

人事安置的新旧方法

在以前,人们进入大多数公司靠的都是随机安排,比如雇主的个人喜好、员工的个人愿望,有时甚至完全是碰运气(岗位出现空缺时,刚好有人拿来了求职申请)。一些层级组织,特别是规模较小的组织,至今仍在采用这种随机安置的方式。

随机安置常常会把员工放到一个他几乎完全无法胜任的岗位上。自然,他的工作表现不怎么样。可上级会以为这是因为他性格不良、意志力薄弱、懒散怠惰,等等。上级会劝诫他,要他干得更努力些,并用"有志者事竟成"、"一次不成功，努力再努力"等格言启发他。

由于得不到上级的宠爱，他的初次晋升总是遥遥无期。连他自己也逐渐失去信心，认为自己毫无价值，完全没有晋升的资格。我把这种情况叫做乌利亚综合征。 [注]

现在，随机安置的方式，已多为考试和能力倾向测试所取代。目前最流行的态度是，"一次不成功，试试其他的"。

当然，如果找不到称职的人评卷打分并做出解释，能力倾向测试就毫无用处。因为要是处理不当，考试制度就只不过是随机安置的另一种变体罢了。

若处理得当，能力倾向测试也的确有效。目前已有综合能力测试和智力测试，可以测出受试者的语言、独创性和计算能力等；办事员能力测试，可测出受试者记忆数字、抄录姓名和地址的技巧。还有一些测试可以测出受试者的机械才能、艺术才能、体能技巧、社会技能、科学推理和说服能力等。

测试结果大多以图形表示员工在各方面技巧上的胜任能力。下面就是一幅能力概述图。

这种测试的目的在于，希望根据测试结果，尽快把员工安排到最合适的岗位上，以便充分发挥其潜能。但这样一来，以后的每一次晋升实际上都是把员工转移到他所不能胜任的岗位上。

让我们来看看这一套系统的实际运作情况。

人事安置技巧档案　下文的能力概述图实际上是商学院毕业生 C. 布瑞兹的测试结果。该生当时正向 I. C. 盖尔空调公司申请工作。根据概述图，你应该看出，布瑞兹的说服能力超过平均值，智力也很高。

[注] 在《旧约圣经》中，乌利亚是以色列大卫王军队中的一名将领。乌利亚攻打亚扪人时，大卫王垂涎其妻拔示巴，并与她行淫。后来知道拔示巴怀孕，大卫王连忙宣召乌利亚返回耶路撒冷，希望他跟妻子同寝，作为孩子的父亲。怎料乌利亚睡在仆人的营中，因为他不愿同僚身陷战火之中，而自己却在家里纵情享乐。第二晚，大卫王再次诱骗他跟妻子同寝。乌利亚虽然酩酊大醉，依然不为所动，仍旧整夜留在宫中。为了阴谋得逞，大卫王把乌利亚送回战场，命人将他送到阵势极险之处，使他遭到杀害。——译者注

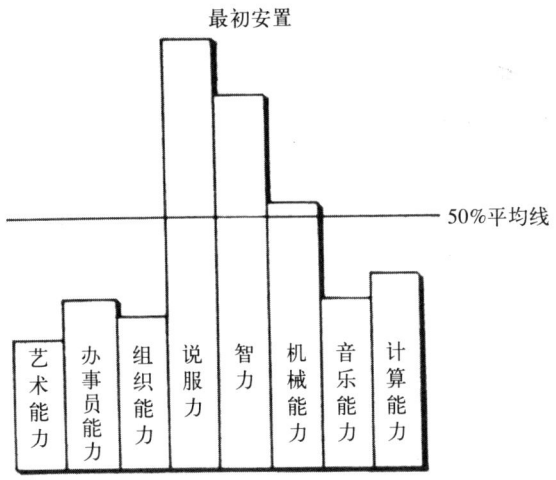

因此,布瑞兹被聘为推销员,并很快获得了两次晋升:第一次是升为地区销售经理,其主要工作内容还是推销;之后又升为销售总经理,主要从事监督和组织工作。

请注意,从上图可知,布瑞兹的组织能力得分较低,而且远远低于平均分,可他现在却每天都要用到这项技能。比如说,他任意安排推销员的工作任务。哈帕·哈泽德是个没有经验的推销员,可布瑞兹却指派他去拜访两位重要的新客户,结果生意搞砸了,双方的友好关系也受到损害。柯恩·曼尼是个销售业绩惊人的新进员工,布瑞兹提升他为地区销售经理。但曼尼对手下的推销员毫不关心,做事斤斤计较又诡计多端,搞得员工士气低下。

布瑞兹的文书工作也一塌糊涂。在他的安排下,推销区域的大小和地形,跟交通、业务量、推销员的经验和能力毫无关联。他的备忘录和工作记录没人看得懂,他的办公桌看起来像个垃圾场。

正如彼得原理的预测，布瑞兹的事业已经从胜任阶层迈入了不胜任阶层。

对能力倾向测试的评价

从上面的例子可知，员工是否接受过测试的最大区别在于，受过测试的员工比没受过测试的员工更容易达到不胜任阶层——也就是说，前者达到不胜任阶层所需步骤更少，时间更短。

效率调查

如前所述，在最初安排中引入外部评测，不但不能防止员工达到不胜任阶层，反而还加速了这一过程。现在，我将对效率专家的工作做一番考察。当然，一般来说，只有层级组织达到高度成熟（有关成熟商数的定义，请参见第 7 章）阶段后，才会引入效率专家。

首先，我们必须牢记，调查专家同样要受彼得原理的支配。他们能达到现在的岗位，靠的也是晋升制度，而正是同一套制度，使组织效率陷入僵局。很多专家可能已经达到了不胜任级别。即便他们能发现不足，也无法加以矫正。

效率调查档案 布克莱冷藏暨运输公司（Bulkeley）聘请管理顾问史匹威和崔米尔调查组织的营运状况。通过调查，两人发现，和同业公司相比，布克莱公司的效率并不算低。靠着小心翼翼的打探，他们找出了公司请他们来调查的真正原因：一些主管认为自己在公司决策上没什么影响力。

史匹威和崔米尔该怎么做呢？假设他们说，"先生们，你们公司没什么大问题。你们和竞争者的效率相当。"

我们有充分的理由相信，史匹威和崔米尔害怕因此遭到解雇。他们害怕自己被看成是无能的管理专家；布克莱公司的调查业务也会被竞争公司夺走。

在这种情感压力之下，他们只好说："先生们，你们的人手不足，不少现有员工的工作安排也存在问题。我们建议贵公司增设一定的新岗位，并提升一部分员工。"

整个组织彻底活跃了起来，原先意见不同的主管们趁机安置或提升自己的亲信，在各级别和各部门强化自己的影响力。董事会感到很满意，史匹威和崔米尔也顺利拿到了顾问费。

对管理调查的评价

（1）实际上，效率调查能暂时削弱或延缓层级组织中资历因素的运作。对于有贵人提拔的员工（被提拔者）来说，它能加速其晋升过程，或是使之更容易取得贵人们为其设立的新岗位。

（2）效率专家最喜欢做出的建议是，在两名不胜任的官员或两个生产效率低下的部门⊖之间安插一名协调人。这些专家和客户都存在一种错觉，认为"不胜任者经过协调之后就能变得胜任"。

（3）实际上，能增加产出的建议只有"雇用更多员工"。在一些案例中，新员工能完成原先同一级别不胜任员工总是完成不了的工作。

有效的管理顾问能够意识到上述问题，对高层不胜任者，他们会建议采用蔓藤式晋升和冲击式晋升，对过分不胜任的低级员工则会建议采用阶层淘汰的办法。胜任的管理顾问还会就人事安排、生产方法、管理风格和奖励制度等问题做出有效建议，从而提高胜任员工的效率。

强迫性不胜任

在回顾一些高层胜任员工的案例时，我发现了一个值得注意的心理现象，这里，我想对其进行一番描述。

高层胜任的情况虽然罕见，但也并非完全没有。我在第1章曾说过，"只要

⊖ 根据一项对效率专家的调查，安插协调人、蔓藤式晋升和冲击式晋升等建议都很容易被管理层采纳。

假以时日，并假定层级组织中存在足够的级别，每个员工都会晋升到不胜任阶层，并且一直待在这个阶层。"

那些常胜将军、成功的督学、胜任的公司总裁等，只不过是因为还没有到达他们的不胜任阶层。

反过来也就是说，之所以还存在胜任的商会领袖和大学校长，完全是因为该层级组织的阶层不够多，不足以使之达到不胜任级别。

因此，这些人就成为高层人员仍能胜任的例子。⊖

根据我的观察，这些高层胜任者通常对待在胜任阶层上感到不满。他们无法升到不胜任的位置（他们已经到了高层，因此他们总是存在一种强烈的倾向，想横跨到其他层级组织中去）比如从军队转到商界，从政界进入教育界，从演艺界进入政界，等等，以便在新的环境下达到以前无法达到的不胜任阶层。这种现象就是所谓的强迫性不胜任。

强迫性不胜任档案，精选案例

成功的军事将领麦克白（莎士比亚名剧《麦克白》中的主人翁），变成了不胜任的国王。

"完美的政治家"希特勒，变成了不胜任的大元帅。

无与伦比的教师苏格拉底，做辩护律师却很不胜任。

他们为什么这样做

"因为原来的工作缺乏挑战性。"

高层胜任者在打算跳槽（以便实现强迫性不胜任）时，总是会给出类似的理由。

他们需要这样做吗

实际上，还有一项更大、更迷人的挑战：留在不胜任阶层之前的位置上。稍后我将详细讨论这一点。

⊖ 在我们的记录里，有少数人能同时在多个层级组织担任高层。爱因斯坦就是这种现象的一个例子。他不仅善于科学思考，提出了狭义和广义相对论，还在男性时尚方面走在时代前列。虽然他从没在时装上花过什么心思，但直到今天，仍有年轻人模仿他的发型和休闲穿着风格。想想看，要是他真的费点心思，会出现什么样的情形呢？

The Peter Principle
第10章

彼得螺旋

我们所有人，都生活在一个周而复始的循环里。

——英国政治家狄斯累利
（B. Disraeli）

我在第9章曾指出，层级组织学并不是要就不胜任问题进行说教。实际上，我必须这样说，在大多数不胜任案例中，人们都有着提高生产效率的明确愿望。如果员工本身能力所及的话，他肯定会胜任。

大多数不胜任者都模模糊糊地意识到，如果组织倒闭了，他们也会失业，因此必须努力让层级组织维持下去。

让我举个例子好了。

层级组织内部档案

健康就是财富

玛尔德在完美琴弦公司（Perfect Pewter）效力20年，从基层的抽丝工一路升到了总经理。可他在这个职位上没干多久，就连续出现高血压和胃溃疡。

公司的医生建议他减缓步调，学会放松。董事会建议增加一名副总经理，帮他分担一些压力。尽管这两项建议都不乏良好的动机，但并没有对症下药。从层级组织学的角度来说，玛尔德升到了一个超出他生理能力的职位。作为完美琴弦公司的总经理，他必须处理、调和若干相互矛盾的惯例或价值观。为了取悦股东和董事会，他必须让公司赚钱。为了取悦客户，他必须保持产品始终如一的高品质。为了取悦员工，他必须提供良好的报酬和舒适、安全的工作条件。为了取悦社区，他必须履行部分社会和家庭义务。在调和上述矛盾的利益过程中，他的身体彻底垮了。增加员工或放松一类的建议，无助于减缓对总经理职责的要求。

第10章 彼得螺旋

在调和上述彼此矛盾的利益过程中，他的身体彻底垮了。

插画标题：震惊！

乔力比医生（在俱乐部社交聚会时去世了）。"十三，十四，十四带二，十四带四，十四带六——一对八——三个九……"（就这么死去了。）

【"我们蒙上了面纱"。】

画家：查尔斯·基恩（Charles Keene）

绘制年份：1874

算计未知因素

董事会的建议得到了执行，胜任的工程师和数学天才J.斯墨格里被提升为副总经理。可斯墨格里虽然擅长处理事情，可却不擅长应付人。他没有合适的用人策略，无法做出有效的人事决策。由于不愿意在缺乏数据的情况下采取行动，他总是把人事决策一拖再拖，直到压力大得让他做出不明智的草率决定。斯墨格里因为社交能力差，达到了不胜任阶层。这样一来，公司又需要增设一名人事主管来协助他。

同情本身就是回报

胜任的心理系学生罗利·考斯特升任人事主管一职。很快,他对客户的同情使他自己的情绪总是大起大落。他听斯墨格里抱怨康特小姐的报告不准确,同情心就全转到副总经理身上,对康特小姐的疏忽义愤填膺。听到康特小姐倾诉斯墨格里对待自己与同事冷酷、算计又野蛮的态度,他流出了悲痛的泪水,痛恨斯墨格里的无情无义。罗利因为无法控制自己的情绪,达到了不胜任阶层。为了某些人事问题,公司决定增设人事督导这一新职位,并从车间里选一位对员工有信心的人充任此职。

精神战胜物质

B. 怀德尔很受员工欢迎,他从前担任社交委员会主席的时候,名气很大。现在他成了人事督导,必须监控管理层政策的执行情况。可由于他根本不理解这些政策,也就无法胜任这个职位。怀德尔智商不太高,不能有效应付抽象概念,因此做出的决策一点也不合理。因为智力不够,他达到了不胜任阶层。

不胜任者的分类

我引用完美琴弦公司的这个案例研究,是想描述不胜任者的四个基本类型。

玛尔德晋升到了超过自己身体承受能力的岗位上。

斯墨格里晋升到了超过自己社交能力的岗位上。

考斯特晋升到了超过自己情感能力的岗位上。

怀德尔晋升到了超过自己智力能力的岗位上。

徒劳的努力

和很多其他案例一样,这个例子表明,即便是人们真心希望缓解高层不胜任的情况,为此做出的努力也只会带来更多的不胜任者。在这样的情况下,出现冗员是不可避免的。彼得螺旋每循环一次,不胜任者的数量就随之增加,效率却丝毫没有提高。

不胜任等式

不胜任加上不胜任,还是等于不胜任。

The Peter Principle
第11章

成功病理学

祸不单行。

现在我们应当很清楚了，一旦员工到达不胜任阶层，就无法再从事任何有效的工作。

是不胜任，但不是懒惰

这并不是说，员工获得最终晋升之后就磨起洋工来。完全不是这样！在大多数案例中，员工仍然想要工作，他仍会表现出很强的积极性。他有时以为自己的确是在工作，只是他所完成的工作没什么用处。

这些员工迟早（往往是早）会觉察出自己缺乏生产力，并为此感到极为沮丧。

大胆的一步

现在我们必须冒险进入医学领域！我将描述先前提到的"晋升极限综合征"的病理症状。

一份详尽的研究问卷

许多医生在诊疗时常被问到以下两个问题：

（1）"如果成功者存在什么病症的话，你认为具体是哪些生理情况？"⊖

（2）"如果有的话，你对成功群体里的病患有什么建议或治疗方法？"

令人担忧的报告（1）

在对比了医生们的回答后，我发现以下症状在"成功"者中十分普遍。

a）胃溃疡

b）痉挛性大肠炎

c）黏液性结肠炎

d）高血压

⊖ 当然，一般社会学家或所指的"成功"，在层级组织学家眼中看来，就是晋升极限。

e）便秘

f）痢疾

g）尿频

h）酒精中毒

i）饮食过量和肥胖症

j）厌食症

k）过敏症

l）情绪紧张过度

m）肌肉痉挛

n）失眠症

o）慢性疲劳

p）心悸症

q）其他心血管疾病

r）偏头痛

s）恶心和呕吐

t）四肢无力，腹痛

u）头晕

v）痛经

w）耳鸣

x）手、脚、腋下或其他部位出汗过多

y）神经性皮炎

z）性无能

以上就是典型的成功"病"，有时患者生理上一点毛病也没有，但始终摆脱不了这些症状。

我认为——现在你或许也会这样认为——这些症状暗示，病人的身体无法胜任所获得的职权阶层。

深度研究案例　例如，T. 瑟伯莫是克拉罗办公器材公司（Clacklow）的副总裁，专门负责销售。他经常无法出席公司每周的主管会议，因为一到星期一下午1点半，他的偏头痛就准时发作。

另一深度研究案例　格林德利齿轮公司（Grindley）的总裁C. R. 戴尔克患有心脏病，于是下属们总是把有可能刺激他的消息瞒而不报，因此他并没有真正控制公司的各项事务。他的主要职责就是在年会上宣读公司业务蒸蒸日上的报告。

请记住这个重要的定义　上述病症——通常患者会同时患有两种或两种以上的症状——构成了我所谓的"晋升极限综合征"。⊖

令人担忧的报告（2）

不幸的是，到目前为止，医学界仍然没有意识到"晋升极限综合征"的存在！实际上，他们认为我的层级组织学是伪科学，因此始终对它抱有敌意，戒心重重。可不管怎么样，真相会大白于天下的！随着时间的流逝，社会秩序日益走向混乱，启蒙时代终将到来。

三大治疗误区（之一）

患有晋升极限综合征的病人通常会给自己找借口，他们说自己无法胜任工作是因为生了病。"要是我不再头痛，我就能专心工作。"

"只要我的消化问题解决了……"

"如果我能把酒戒掉……"

"只要我能好好睡上一晚……"

⊖ 请参见第5章内容，区别"晋升极限综合症"和"冒牌成功综合症"。

根据我的研究，一些医务工作者光按字面意义对待这些借口，不找寻病根就开始治疗症状。

不管是药物治疗还是动手术，都只能暂时解决病人的问题。病人不会因为吃了药就变得胜任，不胜任的肿瘤也不是手术刀能摘除的。良好的建议同样无济于事。

"看开些。"

"不要工作得太辛苦。"

"学会放松。"

这种宽慰性的建议一点用也没有。很多晋升极限综合征患者觉得焦虑，是因为他们知道自己的工作没什么实效。所以，他们不可能再接受要求他们减少工作量的建议。

另一种没用的方法是*讲些好听的道理*：

"别指望解决世界上的所有问题。"

"每个人都有麻烦。你的情况不比别人更糟糕。"

"到了你这个年纪，总会碰到这些问题的。"

晋升极限综合征患者很少会听从这种泛泛而谈的道理。他们大多数都以自我为中心：他们才不会关心哲学和其他人的问题。他们只想解决自己工作上的问题。

医生还常常使用威胁性建议：

"如果你再这样下去，早晚死在医院里。"

"你得放慢脚步，否则还会有更严重的病找上门。"

还是没用。病人只能身不由己地"再这样下去"。要改变他的生活方式，唯一的办法是让他晋升。但他已经达到不胜任级别，不可能再获得晋升。

还有一种常用的建议是要求病人自我节制。

"你得节食。"

"少喝酒。"

"戒烟吧。"

"少过夜生活。"

"性生活要检点。"

基本上这还是没用。晋升极限综合征患者无法再享受到工作的乐趣,已经感到很沮丧了,怎么可能再放弃工作之外仅有的乐子呢?

路莫尔每天下午都在俱乐部打发时间。

插画标题:老式学校

格雷普斯先生(又喝了一杯上等白葡萄酒):"哇!我们生活在一个奇怪的时代——光喝泉水,人们连白日梦都不会做了!"

画家:John Leech

绘制年份:1862

而且，很多男人觉得放纵身体享乐就意味着有了某种胜任能力。"他胃口很好"，"他是个大情圣"，"他酒量大得很"，这类话颇能反映出他们的想法。对于没什么其他优点可称赞的人来说，这些赞扬格外动听。放弃自己的嗜好，就等于放弃赞扬——你叫他们怎么舍得呢？

三大治疗误区（之二）

第二种医生找不出晋升极限综合征患者的生理疾病，于是试图说服病人，要他们相信自己根本没病！

"你根本没生病，吃点镇静剂就好了。"

"不要老是想着自己。这些症状只是你的想象。你太紧张了。"

这种建议当然不会带来任何帮助。不管医生认为有病还是没病，病人很清楚自己难受。

通常的结果是，病人对这位医生失去信心，重新去找其他医生，希望有人"更了解他的病情"。最后他或许会对所有正统医学丧失信任，投向江湖术士的怀抱。

三大治疗误区（之三）

要是药物和手术都无能为力，就该轮到心理治疗登场了。但它也不怎么管用，因为它解决不了晋升极限综合征的病因，也就是病人的工作不胜任问题。

稍有成效的治疗方法

根据我的调查，唯一能缓解晋升极限综合征患者病痛的治疗法是分心治疗法。

"学打桥牌吧。"

"开始集邮吧。"

"做点园艺吧。"

"学学烧烤吧。"

"练练绘画吧。"

一般而言,这类医生察觉到病人无法应付自己的工作,于是转而用他能应付的事情分散其注意力。

启发性案例　某百货公司的行政主管 W. 路莫尔每天下午都在俱乐部打发时间,很少回办公室。他是个严重的晋升极限综合征患者:饮酒过量,经历了两次严重的冠心病发作,体重超标,还患有慢性胃病。

在医生的建议下,他开始学打高尔夫。他很快就迷上了这种运动,每天下午都把大部分精力花在练习上,球艺有了飞速进步——直到有一天他因为驾驶电动高尔夫车失事,伤重而死。

此案例的重点在于,虽然路莫尔的症状并没有得到缓解,但他已经从和工作有关的晋升极限综合征,变成了和高尔夫有关的冒牌成功综合征——因为他再也不在工作上费心了!因此这种治疗是成功的。

做出这种建议的医生似乎朦朦胧胧地意识到,不胜任才是病因;他们尝试让病人在某些和工作无关的领域获得胜任感。

不祥之兆

有关晋升极限综合征,还有一点需要指出——它的社会重要性日益增加,因为出现这些症状的人往往获得了极高的社会地位。患者将夸大自己的症状;他决心让自己的胃溃疡和心脏病恶化,借此显示自己在这方面比朋友们更具胜任能力。实际上,晋升极限综合征的地位价值过于崇高,某些根本没得病的员工也会假装得了病,意在使人误以为他们已经达到了晋升极限。

The Peter Principle
第12章

晋升极限的非医学指标

哪些是信号,哪些是征兆,叫我如何辨得出?

——美国诗人朗费罗(Longfellow)

长久的愿望

在层级组织中,哪些人已经达到了晋升极限,哪些人还没有达到——了解这一信息往往是很有用处的。可惜,你不能随时查阅员工的病历,看看他是不是得了晋升极限综合征。所以,这里列出一些相关征兆,可供你参考。

反常的禁忌

这是层级组织学中一门非常重要且极有意义的学科。

一般来说,能胜任的员工桌上只摆着工作所需的书籍、纸张和仪器。可当员工到达晋升极限后,就有可能采取一些与众不同又别具意义的方式摆设办公桌。

通信设备狂

通常,员工会把自己的不胜任归咎于无法和同事、下属保持紧密联系上。为了加以补救,不胜任者会在办公桌上安装好几部电话、一部以上的内部通信设备,比如按钮、指示灯和扩音器,再加上若干台录音机。通信设备狂很快就会养成同时使用两种以上通信器材的习惯。所以,同时使用两种以上通信器材,正是急性通信设备狂患者的典型症状。这种现象会迅速恶化,最终达到不可救药的程度。

(顺便说一句,许多妇女做了家庭主妇以后就达到了不胜任阶层,于是女性通信设备狂日益增多。最具代表性的做法是,主妇们在厨房里安装一套功能完备的扩音-扬声-分机电话系统,方便她们同时跟邻居、饭厅、洗衣间、游戏室、后门和老妈保持紧密联系。)

恐纸症

恐纸症患者无法忍受桌子上放有任何纸张或书籍。一些极端的病人,甚至不允许在办公室里出现书和纸的身影。或许这是因为,每一页纸都是对他们不胜任工作的提醒——也难怪他们这么痛恨纸张了!

恐纸症患者通常会从自己的恐惧症里找出优点来,美其名曰"保持办公桌清洁",并希望给别人留下办事效率高的印象。

好纸狂

和恐纸症恰好相反，好纸狂员工会在办公桌上成堆成摞地摆满从来不用的纸张和书籍。他们有意无意地试图用这种方式掩盖自己在工作上的不胜任，让人觉得他们有很多要做的事，多到任何人都不可能做得完。

归档狂

我们知道，有一种不胜任员工对文件的精确排列和分类存在近乎疯狂的迷恋，并且往往病态地害怕遗失任何文件。归档狂不断忙着重新整理、检查过去的业务，是为了防止其他人（甚至自己）发现自己对眼前的重要工作毫无贡献或贡献太少。这种人只关心过去的记录，逃避现在的事情。

巨型办公桌狂

这种不胜任员工总是渴望拥有比同事们更大的办公桌。

办公桌恐惧症

这种员工无法忍受办公室里出现桌子的身影。只有在层级组织的最高层，才能看到这种症状。

心理层面的表现

在研究过程中，我曾在会客室花了大量时间，访问刚刚离开某主管办公室的客户及其同僚。通过这一方式，我发现了晋升极限综合征患者在心理层面上的一些有趣现象。

自艾自怜

很多主管会议上，都充斥着高层员工对当前不幸处境的抱怨。

"没人真正赏识我。"

"没人能跟我好好合作。"

"没人知道我的难处——上司不断施压,下属不称职得不可救药,我夹在中间什么也做不好,办公桌片刻不得清净。"

这种自艾自怜通常还伴以对"过去美好时光"的回忆——当时他工作的级别较低,处于胜任阶层。

我把这种复杂的情绪——伤感的自艾自怜,对现状的不满,对过去的盲目赞美——称作怀旧综合征。

怀旧综合征存在一个很有意思的特点:虽然患者认为自己是当前职位下的受害者,但他无论如何也不会提议别的什么人来替代他的位置!

图表爱好者

我观察到,不胜任阶层的员工里容易出现图表爱好者。也就是说,这种人对组织架构和工作流程图有着异乎寻常的爱好,并且,不管耽搁多少时间,造成多少损失,他们总是一丝不苟地按照流程图上的路线和箭头行事。图表爱好患者往往会把流程表挂在办公室墙上的显著位置。有时,人们还会看到他放下工作,崇敬地站在图表前头,一脸若有所思的样子。

强迫性反复无常症

一些员工在到达晋升极限后,会故意让下属无所适从,从而掩饰自己的不安全感。

要是这样的主管接到一份书面报告,他会把报告甩到一边,对下属说:"我没时间读这些垃圾。你给我做个简要的口头说明吧。"

假如下属改用口头解释,他又会拦腰打断说:"你得用书面报告,否则我简直不知道该从哪里入手思考。"

自信满满的员工因为受到主管的斥责而感到心灰意冷;胆小的员工则会被主管过于亲切的态度搞得狼狈不堪。最开始,人们误把强迫性反复无常症当成波特的"心理优势法",但实际上两者截然不同。波特的方法旨在让使用者达到不胜任阶层,而强迫性反复无常这种技巧则主要为已经达到不胜任阶层的上司所采用,用来维系自己的地位。

对于这样的上司,下属会说:"真不知道该怎么应付他。"

优柔寡断综合征

所谓优柔寡断综合征,是指当事人完全无法做出与自己职位相当的决策。这种员工总是翻来覆去地权衡同一问题的优劣得失,但始终不能下定决心。他们会把自己的迟疑不决解释成"遵循民主程序"或"从长计议"。要是有什么问题找上门来,他们往往把它搁置起来,直到其他人做出决定,或是等到大势已定,什么决策也不中用了为止。

另外,我注意到,优柔寡断综合征患者大多也有恐纸症,所以他们不得不想方设法地摆脱手边的文件。他们常常采取的方法是踢皮球:向下踢,向上踢,向旁边踢。

在向下踢的时候,这类主管会把文件交给下属,并吩咐道:"别拿这种小事烦我!"因此下属不得不在一些问题上做出超越职权范围的决定。

向上踢需要一定的技巧:优柔寡断综合征患者必须仔仔细细地考察案例,直到找出某个不太常见的小问题,从而顺理成章地呈报上级。

向旁边踢,则只需要成立一个由同事组成的委员会,再遵照大多数人的意见做就可以了。"约翰 Q. 式民意调查"(John Q. Public Diversion)就是这种方法的变体之一:把文件交给别人进行民意调查,看看普通民众对某一事件有什么样的看法。

政府机关里的优柔寡断综合征患者会用一种独创性方法解决问题。当他们碰到无法决定的问题,只管趁着晚上没人注意,把文件从办公室里拿出来扔掉就行。

一个经典案例

威廉·莎士比亚曾对达到晋升极限者做过十分有趣的描述:因为同事或下属

外貌上的一些特点（完全和工作无关），便对他们吹毛求疵，心存成见。他借用恺撒之口说道：

> 我喜欢身边的人都是胖子……
> 那个凯修斯看上去瘦瘦弱弱，
> 他就是心思太多了：这种人很危险。

达到晋升极限的另一必然现象是，习惯讲笑话，不能专心工作。

插画标题：划定界限

法官："把那些初级律师赶走。他们竟然在画画！"

众初级律师齐声说："请不要这么做呀——求您了，我们只不过是在画画呀！"

画家：E. T. Reed

绘制年份：1891

根据可靠的记载，拿破仑·波拿巴在事业末期时，开始按鼻子的大小判断人，他特别垂青大鼻子。

这种病症的患者还有可能毫无根据地厌恶某些微不足道的细节，比如下巴的形状、地方口音、外套的剪裁、领带结的宽度，等等。他们毫不关心对方是否能胜任工作。我将这种成见称之为恺撒式移情作用。

闲聊瘾

达到晋升极限的另一必然现象是，习惯讲笑话，不能专心工作！

建筑狂

建筑狂指的是对建筑物的设计、修建、维护和重建特别感兴趣，而对当前的工作或是本该在建筑物里进行的工作，越来越不在乎。我在各种级别上都见过建筑狂，但毫无疑问，政客和大学校长中患有此病的人最多。在病情最严重的案例里（宏大建筑症），患者甚至强迫性地兴建大墓大碑。古埃及人和当代南加州人似乎都患有这种严重的疾病。

普通人会把建筑狂统称为"大厦情结"，但有些人只是单纯地喜欢建筑，而"大厦情结"则涉及了一系列互有联系的复杂问题。对于这两者，我们必须精确地加以区分。大厦情结常常把有心改善教育、医疗服务或宗教事宜的慈善家搞得很恼火。因为他们在向这些领域的专家咨询时，发现很多专家已达到了各自的不胜任阶层，根本无法提出积极有效的方案。唯一能达成一致意见的就是新盖一栋房子。教育家、医生或牧师大多是建筑狂，所以他们总是向捐赠人建议说："捐建一栋房子吧。"教会委员、学校理事和基金会董事也大多有着同样的情结。他们发现整个行业里不胜任的人太多，于是决定把钱投资到建筑上，而不是投资到人和项目上。和其他心理情结一样，"大厦情结"也会导致怪异的行为。

宗教改进项目档案　Excelsior市第一安乐教堂委员会注意到，参加宗教仪式的人越来越少，他们为此征求了多方建议。有一派人建议更换牧师，因为瑟奥·罗格牧师传统的布道方式令人感到厌倦，他所说的内容也和现代人的生活毫无关系。于是，该教堂请来了客座牧师，谈起了有关性解放、代沟、战争无用论、新道德观等问题。这样一来，有些思想保守的教会成员威胁说，要是不取消这类"激进"的布道，他们就退出该教会。无奈之下，委员会认为，最能让各方接受的解决办法就是新修一栋教堂，让原先的牧师继续布道，反正他的工资低。可新教堂落成之后，委员会又注意到，原本就稀稀拉拉的教民，在崭新的大教堂映衬下，显得更为稀少了。人们再次提出找一位更有活力的新牧师，可该建议再度遭到否决，因为以这么低的薪水不可能找到更好的牧师。况且，这还可能严重妨碍购置新管风琴和兴建新社交中心的计划。

到底怎么区分两者呢

一般来说，建筑狂患者总喜欢用自己的名字命名建筑或纪念碑，他们对此存在一种病态的需要。而患有大厦情结的人，本意是想提高工作者的质量，结果却以新修了一栋建筑而告终。

痉挛和怪癖

在达到晋升极限后，人们很快就会形成各种古怪的生理习惯和怪僻。英国作家查尔斯·狄更斯曾在其作品中对此进行了准确的观察和生动的描述。

这些习惯包括咬指甲，用指头或铅笔敲桌子，使劲扳指关节，转钢笔、铅笔和夹子，无缘无故地扯橡皮筋，漫无目的地大声叹息。这类晋升极限综合征的症状往往不太引人注意，因为患者在这么做的同时，大多还凝视着前方某处。不知情者还以为他正在全神贯注地思考公务，只有层级组织学家知道实情并非如此。

泄露秘密的说话习惯

让听者莫明其妙

缩写和代码狂指的是说话者喜欢使用字母或数字，而不使用表义清晰的词汇。比如说，"根据802，F.O.B在N.Y的B.U的I.M.C充任O.C。"

即便听者能够弄明白说话人的意思是"根据联邦法案802号（英文缩写为802），弗雷德里克·奥维尔·布莱姆斯沃斯（英文缩写为F.O.B.）在纽约（英文缩写为N.Y）班多克大学（英文缩写为B.U）的教育资料中心（英文缩写为I.M.C）充任业务协调员（英文缩写为O.C）。"他也无法察觉说话人所知有限。缩写狂想方设法地让琐碎的内容听起来令人印象深刻，这就是他们的目的。

说的多，想的少

一些员工在达到晋升极限后就停止了思考，至少是大幅减少了思考。为了掩饰这一点，他们暗暗准备了一种通用对话——对社交名人来说，就是"通用讲演稿"。这类东西的遣词造句令人印象深刻，但内容含混不清，可适用于任何场合。每次只需稍加改动，就能应付不同的听众。

我在"高层主管垃圾桶和废纸篓调查项目"⊖中发现了以下记录，显然这是一份通用讲演稿的草稿片段。作者的麻烦已经够多了，所以，我不会直指其名。我的目的是为了研究，不是让人当众丢脸。草稿如下。

女士们，先生们：

在这动荡不安的时刻，我很荣幸有机会为大家讲一讲_____这个重要的主题。当然，我们在该方面已经取得了长足的进展。我们为目前的成就感到自豪，同时，我们也要向那些奋战在各国家、各地区，乃至全世界范围内的人们致以最真挚的谢意……一方面，我们决不能低估个人热情、决心和坚持所创造的奇迹；另一方面，我也要指出，每个时代最优秀者也有无法解决的难题，认为我们能超越他们，未免太过妄自尊大。一

⊖ 这一调查方法受到很多限制。一些公司在高层员工的办公室安装了带锁的垃圾箱，防止竞争对手掌握其行动方向。垃圾处理公司每天都会运走垃圾，并立刻将之处理成一堆浅灰色、绝无还原可能的纸末。

言以概之,我们要认清自己所处的历史位置。我坚定地支持进步;我热切地要求进步;我希望看到进步!然而,我所期待的,是真正的进步,而不仅仅是刻意求新。朋友们,我认为,只有当我们稳扎稳打地继承伟大的历史遗产,并将古老的传统发扬光大,才能实现真正的进步。

聪明人一点就明白

观察你周围是否有人具有上述征兆。这些征兆能极大地帮助你分析同事。但对你来说,最重要的任务是自我分析。层级组织学家建议你:先治好自己吧!

The Peter Principle
第13章

零晋升的健康和快乐——幻想还是现实

他们对未来的厄运毫无知觉,也从不担忧今天以后的事。

——英国诗人T. 格雷(T. Gray)

当员工达到不胜任阶层时（彼得高原期），我们就可以说，他的晋升商数（promotion quotient, PQ）为零。⊖ 本章将探讨不同员工对待这一情况的不同反应。

直面惨淡的现实（不建议采取此做法）

有些员工能够觉察出自己已经达到了晋升极限，已经到了不胜任级别，已经力所不逮、力不从心或者"时候到了"（这些词都是一个意思）。

这类有能力认清现实的员工往往把不胜任看成是懒惰；他们认为自己工作不够卖力，并因此深感愧疚。

他们以为，只要自己再努力些，就能克服新岗位最初带来的各种困难，进而成为胜任的员工。因此他们不断苛刻地鞭策自己，放弃休息时间，午餐时间也不停地干活，晚上和周末还会把工作带回家。

于是，这些员工很快就成了晋升极限综合征患者。

无知即是福

很多员工从来没发现自己已经到了不胜任阶层。他们不停地忙忙碌碌，从不丧失对进一步晋升的希望，因此始终健康又快乐。

你自然会问："他们是怎么做到的呢？"

替代技巧：晋升极限者的救星

所谓替代技巧，是指员工不履行本职工作，而用其他工作代替原来的职责，并完成得十分圆满。

以下我将介绍若干替代技巧。

技巧一：不断准备

碰到重要的任务，胜任的员工总是毫不含糊地动手开干，而使用替代技巧的

⊖ 晋升商数，指的是能表示出员工晋升潜力的一组数字。当该商数降为零时，员工就完全不适于晋升了。《彼得档案》中有对晋升商数的详细解释，这本书从数学的角度解释不胜任现象。目前尚未出版。

员工却忙着进行事前准备。这里有一些屡试不爽的方法：

（1）确认是否有采取行动的需要。

真正擅长替代技巧的员工坚信，证据总是不够充分。他们的口头禅是，"谨慎比后悔好"，"欲速则不达"。

他们花大把的时间来确认行动的需求，直到该需求彻底消失为止（这叫彼得马后炮）。

例如，在筹划准备救济饥荒时，花很长时间研究救济的必要性。等拖到最后，你会发现没有任何救济的必要了！（要么是灾民们已经饿死了，要么是饥荒过去了。）

（2）研究备选方案。

假设事前调查确定了需求，采用替代技巧的员工会进一步探讨最有效的行动方案——不管要浪费多少时间。实际上，"备选方案"本身就是一项替代技巧，是另外一种形式的优柔寡断综合征，只不过表面上它显得不慌不忙、镇定自若。

（3）征求专家意见。

为了使最终选定的方案得以有效执行，广泛征求专家意见。因而需要成立一个委员会，商榷相关问题。这一技巧还有一种变体，也即依循前例，从过世的专家而非当前的专家那里取经。

（4）按部就班，一丝不苟。

这一技巧要求事无巨细、费时费力地注意行动前的每一准备阶段：为了在朝着目标前进之前巩固现有地位，准备大量备用表格、备用零件、备用弹药、备用经费，等等。

有关不断准备的个案

这里有一个有趣的案例，告诉读者如何使用上述技巧。格兰特·斯韦杰是迪普瑞斯市福利部门的代理局长，人们大多认为他是个高度胜任的员工，因为他一向善于和政府、慈善基金会周旋，为本地公益事业争取资金。

向贫困宣战活动开始后，斯韦杰被晋升为该市"反社会资源分配不均"项目的协调局长。上级认为他既然善于与权贵周旋，理当擅长帮助弱者。

事态迫在眉睫，斯韦杰却忙着为员工兴建新办公大楼而筹措资金，他希望该建筑能成为体现扶弱济贫精神的永久象征（此为按部就班式替代技巧）。

"我们希望让穷苦人民知道，政府没有忘记他们。"斯韦杰解释说。接下来，他打算召开"反社会资源分配不均顾问研讨会"（此为征求专家意见），筹集资金研究社会资源分配不均的问题（确认是否有采取行动的需要），并到西方世界学习取经，学习别人如何筹备并运作类似项目（研究备选方案）。

应当指出的是，斯韦杰确实从早忙到晚。他对新职位感到很满意，而且真心实意地觉得自己干得很不错。他还谦虚地推辞了利用其良好形象竞选公职的邀请。简而言之，他极为成功地应用了"替代技巧"。

技巧二：枝节问题专门化

P. 葛兰曼晋升为酋长沙发公司下属分厂的经理。该厂设备老旧，效率低下。葛兰曼的任务是提高生产效率，使工厂扭亏为盈。

葛兰曼无法胜任这项任务。他很快意识到这一点，于是不再考虑如何提高生产效率的问题，取而代之以关心工厂和办公室的内部组织情况。

他整天工作，确保厂里没有劳资纠纷、工作条件舒适，让所有员工都像他说的那样——"生活在一个快乐的大家庭"。

幸运的是，葛兰曼有位年轻的副经理 D. 多米尼，他还没有达到自己的不胜任级别。多亏他干劲十足，分厂获得新生，赚回了可观的利润。

葛兰曼坐享其成，为自己的"成功"感到自豪。他恰当地运用了替代技巧，干得快快活活。

枝节问题专门化的秘诀是，关注细节，大问题听天由命。

U. 崔德尔是 Excelsior 市某小学的副校长，他工作胜任，为人聪明又能干，能让学生维持良好的纪律，保持教师高昂的士气。当他晋升为校长后，他发现自己到了不胜任阶层：他缺乏应对家长会、新闻记者、地方督学和校董会成员的必要技巧。他不再受到上级官员的赏识，在公众眼中，学校的声誉也江河日下。

崔德尔精心设计了一套枝节问题专门化的方案。他强迫自己关注交通问题——也就是学生和教职员工在礼堂、走廊、转角和楼梯等处发生的拥挤、碰撞现象。

他根据教学大楼的详尽施工图，制定了一套精密的交通流程制度。他在墙壁和地板上标示出各种颜色的线条和箭头，并要求所有人严格遵守这套交通法规。学生不准跨越白线。比方说有个男孩，在上课期间需要传个消息给走廊对面的教室。他不能跨越中间的横线，而必须沿着走廊向右走，走到白线尽头绕一圈，再走回目的地教室去。

崔德尔花大量时间巡视教学楼，看看是否有人胆敢破坏他的制度；他写了很多相关文章，刊登在专业杂志上；他陪同来访的教育人士（都是些关心枝节问题的专家）参观他的交通路线；目前，他还准备就此问题写一本书，附上很多方案和照片。

他兴致勃勃，心满意足，健康状况良好，没有半点晋升极限综合征的表现。真是枝节问题专门化的又一胜利！

技巧三：以形象代替表现

文德尔太太是 excelsior 市某高中的数学老师，她上课时总会花很多时间告诉学生，数学是多么有趣又是多么重要。她讲述数学的历史、现状和未来发展。至于学习数学的实际工作，她布置给学生当家庭作业。

文德尔太太的教学生动有趣，因此大部分学生认为她是个好老师。虽然他们的数学学得不太好，但他们以为那是数学太难的缘故。

文德尔太太也自认是个好老师；她觉得自己无法获得晋升，是因为其他级别较高而又不胜任的老师嫉妒她的表现。在这种自我暗示下，她一直保持着愉快的心情。

文德尔太太用的正是替代法。她的技巧很常见，既有可能是无心为之，也有可能是蓄谋已久。这种方法的规则是：为了获得个人满足感，四两形象可以拨千斤表现（这叫彼得安慰法）。

请注意，这个技巧虽然能让使用者感到满意，但不见得能叫使用者的老板满意！

彼得安慰法为各阶层的政客所熟知。他们大谈民主体制（或君主体制、种族制度，到底谈的什么依据具体情况而定）的重要性、神圣性和辉煌历史，但迟迟不肯履行自己真正的职责。

艺术界也广泛采用这项技巧。Excelsior 市某画家 A. 弗雷思科，画了几幅成功的油画之后就用光了艺术灵感。于是他摇身一变成了讲演家，专门讨论艺术的价值。走到哪里——不管是国内还是国外——都泡在酒吧的沙龙作家也是典型的例子，他们要么大谈写作的重要性，要么是对其他作家吹毛求疵，要么就是吹嘘自己即将写就——可永远也见不着成品——的伟大著作。

技巧四：不务正业

这是个大胆的技巧，也因此颇有奇效。

正如我们刚才看到的，不断准备、枝节问题专门化、以形象代替表现等做法，都不曾完成任何实际工作——至少可以说，完成的不是当事人该做的事，可他们说的和做的，都还和工作有点关系。因此有时普通的观察者，甚至是同事，根本无法意识到，这些人正在使用替代技巧蒙混过关。

可使用不务正业法的人，根本不用假装正在做工作。

F. 赫尔普斯是 Offset 轮轴公司的总裁，他把所有时间都花在慈善活动上：带头发起筹款活动，策划慈善活动，鼓动员工志愿参与，督导专业人士。他到公司办公室只不过是为了签署一些重要文件。

在这些不务正业的慈善活动中，赫尔普斯常常和过去的老对手、现在的好朋友——轮轴大联盟公司的终身副总裁 T·莫利特接触。莫利特和赫尔普斯是同一家慈善组织的委员，同样忙活着对自己公司业务毫无裨益的事情。

大学管理委员会、政府顾问团和调查委员会往往是不务正业者快乐的狩猎场。

在工商业各层级组织中，只有高层领导才能采取这一技巧。可家庭主妇们使用这种技巧的情况却相当普遍。很多妇女成为不胜任的妻子或母亲之后，成功地运用替代技巧，把时间和精力投入到毫不相关的活动中去，让丈夫和孩子自生自灭。

让丈夫和孩子自生自灭去吧。

插画标题:"田园都市"

美丽的女骑手(她刚刚从省城来,第一次出场):"山姆!这是怎么回事!你不能穿成这样跟我一起骑马!你的靴子和马具呢?"

乡下马夫:"尊敬的小姐,我没带那些物什。可没关系,没人知道我在这儿!"

画家:A. C. Corbould

绘制年份:1885

技巧五:代理主管

尤其是在复杂的大型层级组织中,不胜任的高级员工有时会获得暂时任命,担任另一部门的代理主管,或某个委员会的临时主席。这一暂时工作和该员工的日常职责全然不同。

让我们看看如何运用这一技巧。获得暂时任命的员工不必再处理本职工作(实际上他也做不好,因为他到了不胜任阶层),而且还能名正言顺地在新岗位上不采取任何重要行动。

"我现在不能做主,等正式主管上任了再说吧。"

老练的代理主管能在各个临时岗位上优哉游哉地耗上几年，并从这种替代技巧中获得真正的满足。

技巧六：专攻一点

在发现自己无法胜任当前岗位上的所有工作职责后，有人就会搬出专攻一点的劲头，忽略大部分工作，把注意力和精力收缩到非常小的范围里。如果能够胜任，他就继续往下干；如果还做不好，他就再把工作范围缩小一点。

F. 内勒是 Excelsior 市艺术馆的馆长，他对作品的收藏、展出、财务政策以及馆内建筑的日常维修，统统不加留心。他把所有的时间都花在馆内的镶框店里，研究镶框技术发展史。我新近听说，内勒发现自己不可能知道有关镶框的一切，于是决定专门研究镶框时使用的各种黏合剂。

还有位历史学家因为研究宗教改革的最后 30 分钟，成了业内权威。

有些医生因为研究只有三四个病例的怪病而成名，还有些医生只治疗身体的某个部分，因此成了专家。

一名无法理解文学作品意义和价值的学者，或许可以写一篇专论，名为《三流文学作品中逗号使用情况的比较研究》。

推荐使用替代技巧

上述案例以及其他一些你肯定遇到过的例子，毫无疑问地说明，从员工的观点来看，替代技巧是适应晋升极限最令人满意的方法。

通常，有效应用替代技巧，能预防晋升极限综合征，使员工在达到不胜任阶层后，仍能健康、满足地度过事业生涯的剩余时光。

The Peter Principle
第14章

创造性不胜任

不要好高骛远,要量力而行。

——B. M. 巴鲁克(B. M. Baurch)

你觉得我所阐述的彼得原理是种悲观哲学吗？一想到所有事业都存在晋升极限，以及由此引发的生理和心理症状，你会感到畏缩吗？在指出问题后，我将送给读者一把利刃，斩断这乱成一团的死疙瘩。

与其抱怨电力公司，倒不如点燃一根蜡烛

"好吧。"你或许会说，"只要拒绝接受晋升，就能待在胜任岗位上快活地干下去。"

一个有趣的例子

直截了当地拒绝晋升，称为"彼得躲避法"。听上去似乎很容易，可我只发现过这一个成功的例子。

T. 索耶，是春风建筑公司的一名木工，他工作努力，称职又尽责，上级好几次都想升他当工头。

索耶敬重上司，也很乐意为他效劳。但他当个普通木匠当得挺快活，也没有什么烦心事：每天下午4点半他就没事了。

他知道，要是当了工头，他就得把晚上的时间用来考虑第二天的工作，周末也不得安宁，要烦心下个星期的安排。所以他总是拒绝晋升。

对索耶来说，这么做毫无问题，因为他是个单身汉，亲戚朋友也不多。他只要让自己高兴就得了。

对大多数人来说并不容易

对大多数人来说，彼得躲避法不太可行。让我们看看有家有室的B. 罗曼拒绝晋升的例子。

他老婆立刻开始叨唠。"想想孩子的未来！要是邻居们知道了，他们会怎么

说？如果你真的爱我，你可得力争上游啊！"诸如此类地说个没完。

为了弄清楚邻居们到底会怎么说，罗曼太太又把满腹委屈告诉了几个信得过的朋友。消息马上传遍了整个地区。为了维护父亲的尊严，罗曼的小儿子跟同学打了一架，还敲掉了另一个孩子的两颗大牙。随之而来的官司和医疗费花掉了罗曼1100美元。

此后，罗曼的岳母百般挑拨，罗曼太太离家出走，法院宣判两人离婚。重重打击令罗曼感到极度孤独、羞耻和绝望，最后愤而自杀。

因此，拒绝接受晋升并非通往幸福和健康的康庄大道。我在初期的研究过程中就已发现，对大多数人来说，彼得躲避法得不偿失！

一项突破性发现

我曾对理想三脚架公司的层级组织结构、一线生产员工和文职人员的晋升比率进行过研究。我注意到，公司办公大楼四周的景观美观大方，维护得当，天鹅绒般柔软的草地和像珠宝一般鲜艳盛开的花床，暗示做事的人园艺水平相当之高。后来我才知道这名园丁叫 P. 格里恩，他是个幸福快乐的人，打心眼儿里喜欢植物，对园艺工具也爱惜有加。他从事的是自己最喜欢的工作——园艺。

格里恩各方面的表现都很好，只有一件事例外：他总是把该部门的收条或送货单搞丢或乱放——可他的领料单却从不出错。

没了收据，会计部门自然恼火，格里恩也数次遭到经理的申斥，而他的回答又总是不清不楚：

"我想可能是连着灌木一起种到土里去了。"

"可能是苗圃里的耗子把收据叼走了吧。"

由于不善保管收据，维修部需要新工头时，格里恩自然不在候选之列。

我找格里恩谈了好几次。他很有礼貌，也很合作，但一直坚持说收据是不小心弄掉的。我又去问了他太太。她告诉我，格里恩保留着家庭园艺作业的完整记录，院子和温室里每件东西的成本都算得清清楚楚。

同类案例

我访问过 Cracknell 铸造公司的车间工长 A. 梅塞尔。他小小的办公室看上去乱得一塌糊涂。然而,我在工时与动作研究中⊖发现,那些成堆的旧文件、装满破烂报表的纸箱子、塞满未分类档案的抽屉,还有墙上挂的过时方案,并不属于梅塞尔有效工作的一部分——简单地说,就是他碰都不去碰那些破烂儿。

当然,我无法判断梅塞尔是不是故意装得邋里邋遢来掩饰他的胜任,从而避免晋升成总工头。

疯狂的做法

J. 斯培尔曼是一位称职的老师。他的专业声望很高,可却从来没升成副校长。我很想了解原因,于是做了一番调查。

斯培尔曼教书教得愉快——这一切只是巧合吗?

插画标题:一语中的

老师(在阅读课上,他向孩子们解释"自以为是"这个词):"孩子们,假设

⊖ 指在估算工业生产效率时,分析工人完成一项工作或一系列工作的不同动作所用时间。

说我总是吹嘘自己的学识，比如我知道很多拉丁文啦，或者夸耀自己相貌堂堂，我的个人外表长得如何如何啦，你们明白吧，那该怎么形容我这种情况呢？"

坦率的孩子（"直盯着老师的眼睛"）："老师，那我就说您是个大骗子！"

画家：查尔斯·基恩（Charles Keene）

绘制年份：1880

一位高级官员告诉我："斯培尔曼老是忘记兑现薪水支票。每隔三个月我们就要提醒他，赶紧把支票兑现，我们才好上账。我真不明白，怎么会有人连支票都不去兑的。"

我接着往下追问。

"不，不！我们不是不信任他。"对方回答，"只是自然而然地好奇他是不是有些什么额外收入。"

我问："你们怀疑他卷进了什么非法勾当？"

"当然不是！我们没有抓到半点对他不利的证据。一个好老师！一个好人！名声顶呱呱！"

虽然他断然否定，我仍推导出如下结论：该层级组织无法信任一个把自己的财务管理得太好的人——竟然好到可以不必急着冲进银行兑现薪水支票，或是把钱转存进账户支付账单。简而言之，斯培尔曼因为不能表现得像个普通员工，所以没资格获得晋升。

斯培尔曼教书教得愉快，无心晋升到管理工作——这一切只是巧合吗？

有什么模式可循吗

我调查了好几个这类看起来有点像是故意表现不胜任的案例，但我始终无法确定，这到底是当事人有意为之，还是单纯的无意识行动。

有一件事很清楚：这些员工避免了晋升，又不曾直接提出过拒绝——我们已经看到直接拒绝晋升会导致多可怕的后果，他们努力让别人不给他们晋升！

找到啦

创造性不胜任——一个避免晋升极限的可靠方法,也是保持工作和生活健康快乐的关键。

经过检验的策略

格里恩、梅塞尔、斯培尔曼和其他类似员工到底是不是有意回避晋升极限,这一点并不重要。重要的是,我们可以通过他们学习如何达到这一生死攸关的目标(我说"生死攸关"可不是在喊口号——正确的技巧能够拯救你的人生)。

这一方法可以归结为:制造你已经达到不胜任阶层的假象。

要做到这一点,你可以表现出一两种晋升极限综合征的非病理症状。

园丁格里恩表现的是一种适当的"恐纸症"。对普通观察者来说,铸造厂工长梅塞尔似乎患有严重的"好纸狂"。而总是忘记兑现支票的斯培尔曼老师,则以一种不同寻常的方式,表现出了重度"优柔寡断综合征"。

如果你选择的不胜任方式并不直接妨碍你履行当前岗位的主要职责,创造性不胜任将达到最佳效果。

一些微妙技巧

对某些层级组织的文职员工来说,诸如下班时忘记关抽屉等不引人注意的习惯就能达到理想效果。

显得过度节约、斤斤计较——不厌其烦地关灯、关水龙头、捡起地上(或从垃圾桶里翻出)的回形针和橡皮擦,天天向同事叨唠节约的好处——也是个好办法。

要与众不同

拒绝分担公司或部门的社会基金;在惯例的咖啡休息时间不喝咖啡;别人都到外面吃饭时却自带午餐;孜孜不倦地关掉暖气,打开窗户;拒绝为同事的婚礼或退休掏份子钱:如此冷漠、疏远而又怪异的行为,一定能引起他人的怀疑和猜忌,自然你也就没资格获得晋升了。

汽车战术 为了避免晋升,一位相当成功的部门经理偶尔会把车停在专为公司总裁保留的停车位上。

另一位主管则总开比同事落伍一年、便宜500美元的车。

个人仪表 虽说大部分人都知道不该以貌取人,但在实践上,员工的外表却是衡量判断此人的重要标准。因此,我们可以在这个领域充分施展创造性不胜任策略。

穿出格的或稍微有点破旧的衣服,经常不洗澡,老是忘了剪头发,刮胡子的时候粗心大意(在脸上刮个明显的伤口,凝个血疤,或是剩几根胡茬没刮干净),都是一些有效的做法。

F先生向老板的女儿求婚。

插画标题：辩才

她："您多么沉默呀！您在想什么呢？"

他："什么也没想！"

她："好个自私自利的人！"

画家：G. du Maurier

绘制年份：1890

对于女士们，则可以把妆化得太浓或太淡，再时不时穿点不合身的衣服，留个不相称的发型。在很多情况下，香水味太浓或佩戴过分珠光宝气的首饰，就能达到良好效果。

真实案例　为了指引并启发读者，我将列举出一些在研究中观察⊖到的创造性不胜任案例。

F 先生在公司一年一度的创始人生日宴会上向老板的女儿求婚。这姑娘刚从欧洲的女子精修学校毕业，F 先生此前从没见过她。姑娘自然拒绝了他，而他也自然丧失了晋升的资格。

在同一场合，同一家公司的 L 小姐，故意模仿老板夫人的笑声，并且故意让她听见，把老板的太太气个半死。

P 先生让朋友打电话到他办公室，假装恐吓他。P 先生则当着同事的面，戏剧化地乞求对方"可怜可怜"，并"多给点时间"。他还哀求道："别告诉我太太。要是她知道了，肯定会气死的。"这只是 P 先生的愚蠢玩笑，还是创造性不胜任的天才手法呢？

老友重访

我最近又重新调查了 T. 索耶的案例，就是本章开始记录的那个成功应用彼得躲避法的木匠。

⊖ 至少我自认为是观察到了他们。完美创造性不胜任的特点是，即便是受过训练的层级组织专家，也不能肯定对方到底是不是真的不胜任。

最近几个月，他买了好多便宜的平装本《瓦尔登湖》[一]送给同事和上司，每一本他都加了批注，尤其是关于不承担责任有多快活、干干散工是多么开心的部分。

送完书之后，索耶还不断追着同事们问：书读了吗？有什么感想？这种干涉人、教训人的做法，我称之为苏格拉底情结。

索耶说，再没人跟他谈晋升的事了。而我则感到稍微有些遗憾，唯一一个成功使用彼得躲避法的例子也消失了（在这里，成功指的是拒绝晋升，又不曾给当事人带来任何不幸）。让我心理平衡的是，我发现了确凿无疑的证据：

创造性不胜任法比彼得躲避法更好——而且从来如此！

重要的防范措施

用心研究第 12 章的内容，能帮助你想出很多独具特色的创造性不胜任方法。但我必须强调极为重要的一点：千万不能让别人看出你不想晋升的意图！

为了装得更像一点，你甚至可以偶尔向同事们发发牢骚："凭什么有的人就能升上去，有的人就没那福分呢！真可笑！"

你敢吗

如果你尚未达到彼得高原期（晋升极限），肯定能找出一些与工作表现无关的不胜任方式。

找出来，常加实践。它会让你待在胜任阶层，你会因为不断完成一些有用的工作而感到满足！

当然，和努力追求晋升的传统做法一样，创造性不胜任充满了挑战！

[一] 《瓦尔登湖》是美国作家亨利·戴维·梭罗所著的一本著名散文集。该书出版于1854年，梭罗在书中详尽地描述了他在瓦尔登湖湖畔一片再生林中度过的两年又两个月的生活以及他的许多思考。——译者注

The Peter Principle

第15章

达尔文理论的引申

恭顺者有福了……他们必承受地土。

——耶稣

到目前为止，我们在讨论胜任和不胜任问题时，主要解决的是工作方面的问题——也就是人们在复杂的工业化社会中生存所需采用的策略和手段。

本章将把彼得原理放到一个更大的范畴下，探讨生存胜任问题。在"进化"这个庞大的层级组织中，人类能保持现状吗？还是继续往前发展？

彼得历史通论

在漫长的生命进化阶梯中，人类已经晋升了许多次。其中每一次晋升——从树居动物进化到穴居人，接着钻木取火，又历经石器时代、青铜时代和铁器时代，等等——都提高了人类这一物种的生存能力。

故此，很多自以为是的人认为这种发展或称晋升是无止境的。但我要指出，人类迟早会达到生存不胜任的阶段。

有两件事可以阻止人类达到这个阶段：一是时间不够充裕，二是进化阶层不够多。但迄今为止，我们能够确定的是，未来有无穷无尽的时间等着我们（不管我们能否加以利用），目前存在或潜在的阶层数量也是无穷无尽的（各种宗教都曾描述过，在人类当前的阶层之上，还有天使、半神人和神）。

其他物种也获得过多次晋升，但最终都达到了生存不胜任阶段。恐龙、剑齿虎、翼龙、猛犸，都曾依靠某些特质——个头庞大、尖牙利齿、长翅擅飞——而盛极一时。可正是这些最初使它们获得晋升的特质，最终导致了它们的不胜任。我们或许可以这样说，胜任中必然蕴含着不胜任的种子。高文将军的平民味、蒂图小姐的墨守成规、杜佛先生的霸道性格——都让他们获得了晋升；而同样也是这些品质，最终阻碍了他们获得进一步晋升！因此，不同的物种，在经过了世世代代的稳步晋升后，已经进入了不胜任阶段，故此陷入了停滞状态，甚或是已经达到了超不胜任阶段，而被进化所淘汰。

很多人类的社会和文明也遇到过这种情形。一些地区在殖民状态时（由另一强大的国家给予监护）过得很好，一旦独立自治就不胜任了。另一些国家在城邦、共和国或君主政体时都游刃有余，但成为帝国时就变得一塌糊涂了。不少文明社会因为生于忧患而昌盛繁荣，却因安乐富足而走向衰败。

人类整体的情况又是如何呢？聪明机智是人类获得一次次晋升的特质。那它会不会成为人类继续晋升的障碍呢？它是否还会使人类陷入过分不胜任状态（请参见第3章）而遭到淘汰，迅速地从生存这一层级组织中消失呢？

两大恶兆

层级组织的退化

社会是通过学校着手塑造和训练新人的。本书前面的章节已经讨论过典型学校里教师胜任的情况，现在让我们看一看学校对学生的影响。

老式学校体制充分体现了"彼得原理"的真谛。学生一级一级地往上升，直到达到不胜任级别。他可能会在五年级、初三或高二"留级"，也就是说，他必须留在不胜任级别上。有些孩子在留级的那年里，智力有了发展，因此第二年有资格升入下一年级。否则，他就还要"重读"一遍（这里所谓的"留级"和职业上的"成功"是一回事，同样是达到晋升极限，待在不胜任的级别上）。

学校当官的可不喜欢这个制度：他们认为不胜任的学生太多，会降低学校的水准。一位校长告诉我："我希望放所有的笨学生过关，只把聪明的留下：这会提高教育水平，分数也上去了。留下笨学生，拉低了学校的平均分，学校的水平更是上不去。"

这种极端的做法当然难以得到大众的接受。所以，为了避免积累不胜任的学生，学校当局发展出一套晋升所有人的计划——胜任和不胜任的学生连锅往上端。他们还从心理学的角度开脱说：全部晋级，学生们就不用承受失败的痛苦。

实际上，他们的做法相当于把不胜任的学生用冲击式晋升的方式给解决掉。

这种批发冲击式晋升的结果，使得现在高中毕业生的水平只相当于若干年前的高二学生。而随着时间的推移，高中毕业生的水平还会继续退化，只相当于过去的高一、初三甚至更低年级。

我把这一现象称作"层级组织的退化"。

层级组织退化的后果

作为衡量能力的标准,学历证书、文凭和学位渐渐丧失了价值。按照从前的制度,我们可以判断,一个在高二留级的学生,在高一肯定是胜任的;在大一留级的学生,至少在高中时代是胜任的。其他的情况,依次类推。

现在我们不能这么判断了。当今的文凭只能证明,学生有忍受若干年学校教育的能力。

从前,高中毕业就是普遍接受的能力证明,现在,对大多数责任重大、报酬丰厚的工作来说,则成了不胜任的证明。㊀

高中以上的学历也一样。本科文凭和硕士文凭都贬值了,只有博士头衔还继续顶着胜任的光环,但随着"博士后"学位的出现,博士学位也迅速贬了值。也许用不了多久,博士后学位同样会退化为许多岗位的不胜任勋章,热衷此道的人只好再拼了老命争取"超博士后"和"超超博士后"的头衔了。

努力普及教育加速了这种贬值的过程。比如,现在很多大学都使用大同小异的导生制(高年级学生教低年级学生),而在50年前,初等学校采用这种制度还遭到一致谴责!

其他领域的努力扩增也造成了同样的结果。由于各行业需要更多的工程师、科学家、牧师、教师、汽车、苹果、宇航员,等等,同时又想尽快满足这一需要,因此可接受的标准必然降低:层级组织也就这样开始退化了。

不管你是消费者、老板、艺术家还是教师,你肯定明白层级组织退化的后果。稍后我将再次回到这一主题,并就如何控制这种现象提出建议。

电脑化不胜任

喝醉酒的人暂时没法开车。他要是走路,顶多会弄伤自己。可要是他坐在汽车的方向盘后面,不但会弄断自己的脖子,恐怕还会先撞死不少人。

这个道理用脚趾头想也能弄明白。显而易见,个人能运用的权力越大,他所

㊀ 请注意,层级组织退化并不是当代社会的独有现象。很久以前,只要识字,就代表能胜任很多重要的岗位。后来,由于识字的傻瓜日益增多,雇主们被迫提高学历标准——小学毕业,初中毕业,等等。每一项标准,一开始都是胜任的证明,最后却变为不胜任的证明。

造成的后果也就越大——要是他胜任，这就是福；要是他不胜任，那就是祸。

印刷机、收音机、电视机都曾显著地提高了人们的宣传能力，也使人们因不胜任而造成更深远的不良后果。现在，电脑时代降临了。

电脑应用档案 R. 弗格是弗格变速连锁滑轮公司的创始人兼常务董事，但他本质上是个善于发明的工程师，自从担任行政管理工作之后就达到了不胜任阶层。

弗格老是抱怨业务经理、职员和会计表现差劲。他不知道的是，跟同行的其他公司比起来，他的员工效率并不算低。一些人尚未达到不胜任阶层，因此能够完成业务，推动公司发展。对于弗格含混不清的指示，他们分得清哪些是可以放过不管的，哪些是对公司有益的，并采取相应的行动。

有推销员向弗格建议说，电脑能够又快又好地完成办公室和车间的许多工作。弗格动了心，签下订单，安装了电脑，裁减了"多余"员工。

弗格很快发现，公司的工作进展不像原来那样又快又好了。弗格不了解电脑的两个特点（至少，他不了解这两个特点会影响他的生意）。

（1）电脑遇到不清晰指令时会停止工作，光是闪灯，等着修正。

（2）电脑没有应变能力。它不会奉承敷衍，也不能做出判断。对于错误的指令，它不会说："好的，马上就办！"然后自己去想办法把工作做好。它会不折不扣地照着错误的指令办事——只要指令清晰即可。

弗格的业务很快走了下坡路，不到一年，公司就倒闭了。他成了电脑化不胜任的受害者。

更可怕的例子 魁北克教育部门错发了275 864美元的学生贷款，原因在于电脑管理的多任务复印功能出了错。

纽约一家银行的电脑发生故障，在整整24个小时里，30亿美元的账户乱成一团。

一家航空公司的电脑把10份补给通知打印成了6000份。结果该公司多订了5990块薄荷巧克力。

1966年所做的一次调查显示，全英国安装的电脑，70%以上的商业表现都不尽如人意。

还有一台电脑对静电过分敏感，只要女职员穿着尼龙袜靠近它，铁定会出错。

三项观察结果

（1）电脑本身就有可能不胜任——也就是说，不能按照原先的设计，正常准确地完成工作。这种不胜任是无法消除的，因为彼得原理适用于设计制造电脑的工厂。

（2）即便电脑本身胜任，但倘若所有者或操作者不胜任，电脑也会恶化其结果。

（3）电脑和普通员工一样，受彼得原理的支配。如果一开始它运作良好，就很可能获得晋升，完成责任更重大的任务，并一直升到不胜任级别为止。

征兆的阐释

这两大恶兆——层级组织的迅速退化和电脑化不胜任——只是整体趋势的一小部分。如果这种情形持续发展，最终必然会达到整体生存不胜任阶段。在第3

章中，读者已经看到，过度强调输入最终会破坏层级组织存在的目的（产出）。而在这里我们则看到，轻率地扩大教育范围、以过时或错误的方法推广自动化，都是盲目强调"输入"的例子。在大投入带来大产出的盲目信仰鼓动下，政治、科学、教育、产业和军队领袖们无不坚信，我们应当尽其所能地加速向前发展。

既然读者正在学习层级组织学，想必可以理解：社会持续增大输入的现象，只不过是彼得反转原理的大规模应用而已。

人类的第一个错误：车轮

看看发明车轮的后果吧。因为人类的聪明机制、孜孜不倦地追求发展，我们注定要遭受不幸。几十年前，我们的大地上还遍布着水晶般剔透的湖泊，流淌着冷冽清澈的溪流。我们的土壤肥沃，物产丰富。人们能够便利地享受恬静优美的田园风光。

现在，湖泊和溪流变成了污水坑。空气里充满有毒的烟尘和煤灰。杀虫剂污染了土壤和水源，飞禽、昆虫、鱼类和家畜在死亡线上挣扎。乡村成了堆放垃圾和报废汽车的地方。

人们能够便利地享受恬静优美的田园风光。

插画标题：再见喽，快乐河边！

布朗一家人带着午餐，最后一次去河边野炊。哈，既然是最后一次，老布朗想讲个法国笑话，刚刚开了个头，就跟往常一样摔倒在滑溜溜的石头上！

画家：G. du Maurier

绘制年份：1882

这就是发展！我们发展得实在太快，简直没法再自信满满地谈到人类生存的前景了。我们已经毁了这个世纪的希望，把科学的奇迹变成了人间惨剧——核战争可以把整个人类全部灭绝！如果我们继续追求这样的发展，亢奋地规划、发明、建设再建设，我们必将迈入整体生存不胜任阶段。

新社会科学为我们指明道路

你是否偶尔有过这样的念头：明明记得自己有个重要的约会，却偏偏想要失约？层级组织学将告诉你该怎么办。

在所有改善人类环境和生存状况的提议中，只有彼得原理真正阐明了人类的组织问题。层级组织学揭示了人类的本性——不断制造层级组织，想方设法加以维护，但又克制不住破坏层级组织的潜在冲动。彼得原理和层级组织学为整合所有社会科学奠定了基础。

彼得疗法

难道全人类必将达到生存不胜任阶段，从生命层级中消失吗？

在回答这个问题之前，请你扪心自问："人类层级组织的目标（产出）是什么？"

我曾在"命运就在眼前"这场讲演中告诉学生："如果你不知道自己将要前往何方，那你抵达的终点可能非你所愿。"

显然，如果层级组织的目的就是让全人类遭到淘汰，"彼得疗法"就毫无意义。但如果我们希望生存，希望改善我们的环境，那么彼得疗法能提供从预防到治疗的各种方式。

我建议：

（1）彼得预防法——避免晋升到不胜任级别。

（2）彼得舒缓法——让已经达到不胜任级别的人延年益寿，为他们提供保持健康和快乐的方法。

（3）彼得安慰法——缓解晋升极限综合征的症状。

（4）彼得药方——治疗这个世界的疾病。

彼得预防法——事前预防好过事后治疗

从层级组织学的角度来说，所谓预防就是在晋升极限综合征的症状出现以前，或在层级组织尚未退化之前，采取防范措施。

负面思考的力量

负面思考有益健康，因此我强烈推荐。假设第 10 章提到的玛尔德先生事前想到过总经理职位的负面因素，他还会接受晋升吗？

假设他这样问过自己："董事们对我有些什么看法？下属们对我有什么样的期待？我妻子又是怎么想的？"

如果玛尔德仔细考虑过晋升的负面后果，他会放弃这份毁掉他健康的工作吗？

玛尔德的头脑是够用的，他会把各种消极因素加起来，比如说，我先前提到过工作惯例互相矛盾，他和朋友的关系会发生变化，会产生参加乡村俱乐部的压力，需要置办一套新西装，妻子会要求买一个新衣柜，当地社区会请他筹措资金，还有其他各种伴随晋升而来的压力。

他或许会得出结论，他生活在原先的阶层就算得上是一种成就，他感到很满足，他有必要保护自己的地位、社交生活、业务爱好和身体健康。

你也可以应用负面思考。问问你自己，"我愿意为上司的上司工作吗？"

别只看你的上司，你有可能取代他的地位，你还得看他的上司。你愿意直接为高你两级的那个人工作吗？回答这个问题，往往很有预防效果。

在处理大众、全国或世界范围内的不胜任问题时，负面思考也很管用。

比如说，在考虑一项耗资巨大的海底勘探项目时，想想在海底生活是多么不舒服，有多冒险；再对比下午躺在游泳池边上晒太阳、在海边开晚会等安逸舒适的生活。

想想给整个地球喷洒杀虫剂，多臭、多难闻、对身体多不健康；而用手给花园浇水又是多么简单、多么愉快、多么有益身心。

负面思考能使我们避免进入生存不胜任阶段，防止我们毁灭整个世界。

另一种预防法——创造性不胜任

解决人类生存不胜任这个大问题，还有另外一个方法。我们可以考虑使用创造性不胜任法。我们用不着放弃在生命层级中争取晋升的奋斗，但我们可以有意识地做一些不相关的不胜任行为，从而防止我们获得晋升。

（我所谓的"不相干"，指的是"和觅食、保暖、维持健康环境和繁衍后代等生存基本要素没有联系"。）

让我举个例子。人类已经成功地解决了世界上很多交通运输问题。无需花太多时间，人们就能前往地球上的任何角落，既不危险，也不困难，就像在自己家乡的马路上散步一般轻松。（要是跟住在大城市的人相比，环球旅行的风险还要小些呢！）

可想而知，要在旅行方面有所晋升，就得让人从地球旅行进步到太空旅行。但这种扩增并没有什么好处。人类没必要亲自到月球、火星、金星上去探险。雷达、电视和摄像机等设备早就把这些天体的真相清晰地传回了地球。资料显示，这些地方都是不毛之地。

取消太空旅行的晋升，对人类来说更为合适。可正如我们所知，拒绝晋升可不是件容易事。安全、愉快、有效的方式是：让自己显得不够资格获得晋升。这就是创造性不胜任。

人类现在还有机会在太空旅行这一领域表现出创造性不胜任，㊀还有机会克制自己危险的聪明想法，表现出些许有益健康的不胜任。

㊀ 和太空旅行相关的一系列人为混乱、延迟和灾祸，大概可以表明人们正在实践创造性不胜任方法。我强调"大概"这个词，是因为真正的创造性不胜任是无法观察出来的，旁观者无从判断不胜任的真假虚实。

历久犹存的疾病 让我们再来看看另一个例子。在医学方面，人类已经从魔术、巫术和信仰治疗进入到现代正统的药物和手术治疗阶段。用不了多久，人类就能利用天然和合成的零件造人。迈出这一步，意味着人类将从治疗者晋升到创造者。

可是，面临人口爆炸和大范围闹饥荒的局势，人们有必要接受这个晋升吗？

此刻或许是表现创造性不胜任的大好机会，搞砸这种"造人"技术，从而避免没用又危险的晋升。读者意下如何呢？

关键得看你的

只要稍微动动脑筋，你就能找出适用创造性不胜任的其他领域。

面对各种可能晋升到整体生存不胜任阶段的危机——比如说大气污染、核战争、全球性饥荒、火星细菌入侵等，采用彼得预防法是明智之举。

如果我们普遍实践负面思考和创造性不胜任，避免晋升到最终阶段，人类生存的可能性就大大增加了。彼得预防法能够防止不合理的晋升。

彼得舒缓法——放松一点

虽然从整体上来说，人类还没有达到生存不胜任阶段，但如前所述，确实有不少人已经进入了不胜任阶层，并且迅速被这个世界所抛弃。

在本书前面，我已经讨论过适用此类人的一些舒缓方法——使他们生活得更快乐、更舒服一点。现在，让我们看看如何在更大的范围里使用这种舒缓方法。

阻止层级组织退化

在前面我们说过，教育体制里的层级组织退化，是大量学生冲击式晋升的结果。在从前，不少学生是必须"留级"的。

我的建议是，不再使用冲击式晋升处理这类不胜任的学生，而改用蔓藤式晋升。

按照现在的做法，一个学生高二没念好，照样"冲击"上高三。而我的计划是，把他从高二蔓藤式晋升到另一个年级，比如说，"预科深入进修班"。他可以学习当年的课程，最好是再加强他上一年没学好的地方。这额外一年的经历，他自身智力的发展——幸运的话——再加上教师的得法传授，或许能使他顺利升入高三。

如果还不行的话，他的父母肯定不反对让他参加为期两年的"高阶深入进修班"。最终如果该生到毕业的时候还没有什么进步，校方可授予他"进修班毕业"证书。

这样一来，蔓藤式晋升就把不胜任的学生撤到了一边。这并不妨碍其他学生的正常升级，也不会使这些学生的文凭和学位贬值。

既然蔓藤式晋升法适用于工作场合，为什么不将它普遍应用于教育领域呢？彼得舒缓法能防止冲击式晋升。

彼得安慰法——四两形象可拨千斤表现

从层级组织学的角度来说，安慰指的是用一种中立（非提高性质）的方法抑制达到不胜任级别所引起的恶性后果。

我想再次援引第 13 章提到的文德尔太太的案例。达到了不胜任阶层的文德尔太太，不把上课时间用来教数学，而是用来歌颂数学的价值。

文德尔太太用形象代替实际工作表现。这就是彼得安慰法：四两形象可拨千斤表现。

现在让我们看看如何把安慰法推广到更大范围。不胜任的工人，不努力争取晋升，而是大力鼓吹劳动的尊严。不胜任的教育者，放弃教学，宣传教育的价值。不胜任的画家，促进艺术的鉴赏。不胜任的太空人，编写科幻小说。性无能者大写情歌。

这些使用彼得安慰法的人或许没做多少实际贡献，但他们至少没惹什么祸，也不曾妨碍各行各业胜任者的正常运作。彼得安慰法能防止职业性瘫痪。

彼得药方——要想治疗，费劲不少

人类使用彼得药方，会有什么样的结果呢？

彼得药方能防止成千上万人步入不胜任阶层。在当前制度下，这些人是失败者，生产效率低下；可要是提前用了彼得药方，他们本可以一辈子幸福快乐，充当社会的有用一员。

彼得舒缓法和彼得安慰法能确保已达到不胜任级别的人健康快乐，忙碌奔波，又不生事端。这种改变，能使数百万员工从不胜任者的牢笼下解脱出来，保持身体健康，并纠正不胜任者捅出的漏子。

最终结果怎样呢？人类得以释放大量时间、创造力和热情，并将之运用于建设性目的。

例如，我们可以在大城市里发展安全、舒适的高速交通系统（这比登月飞船便宜，而且能为更多人服务）。

只有改善生活的质量，人才能获得真正的幸福。

插画标题："不喜欢掌舵？可我们不能光是使劲划！"

画家：G. du Maurier

绘制年份：1882

我们可以开发不会污染环境的能源（比如说，利用无烟燃烧的方式发电）。这样一来，我们可以改善人民的身体健康，美化周围环境和自然景观。

我们可以提高汽车的质量和安全性，美化大小公路和街道，让人们能够更安全、更愉快地旅行。

我们还可以研究如何将有机物质重新放回农田，使土壤肥沃，而不会污染土壤品质。

利用复杂的垃圾分类系统——当然，再复杂也比不过目前的分配制度。很多现在直接被抛弃的垃圾，则可以转换成新产品。

至于那些没用的垃圾，可以用来填平废弃的露天矿坑，让土地重新用于建设性目的。

你自己盘算盘算吧

限于篇幅，我不能再深入地加以解释了。作为一个严谨的读者，你一定能够把彼得药方应用到生活和工作中，再进一步应用到你所生活的城市、国家和星球上。

你一定同意：光是追求数量，无法使人获得最大的满足；只有改善生活的质量，即避免生存不胜任，人才能获得真正的幸福。

彼得药方帮助人们改善生活质量，而不鼓励轻率盲目的晋升。

结语

我已经说了不少了，你的幸福、健康、成就感，以及人类未来的希望，全都取决于你是否理解彼得原理，能否灵活运用层级组织学的原则，利用彼得药方解决人类问题。

我撰写本书的目的，是为了帮助各位读者理解并应用彼得原理。接不接受，怎么应用，全看读者你了。相信不久后肯定会出现跟风之作。与此同时，希望不久以后，会有哪位慈善家给层级组织学安排一个终身教职。届时，我已证明自己胜任当前工作，定有资格问鼎此位。

Glossary

术语表

术 语 表

Alger Complex　阿尔杰情结　指从道德上高估奋发进取对晋升的作用。请参见第 5 章。

alternation, compulsive　强迫性反复无常症　一种让下属不知所措的技巧。请参见第 12 章。

aptitude tests　能力倾向测试　一种使员工加速到达晋升极限的流行方法。请参见第 9 章。

arrived　"时候到了"　到达晋升极限。请参见第 3 章。

Auld Lang Syne Complex　怀旧综合征　指伤感的自艾自怜、对现状的不满以及对过去的盲目赞美。请参见第 12 章。

Buckpass, Downward, Upward and Outward　踢皮球　向下踢，向上踢，向旁边踢。避免承担责任的技巧。请参见第 12 章。

Cachinatory Inertia　闲聊瘾　爱讲笑话不工作。请参见第 12 章。

Caesarian Transference　恺撒式移情作用　指对他人身体特征的非理性偏见。请参见第 12 章。

Codophilia, Initial and Digital　缩写和代码狂　说话者喜欢使用字母或数字，而不使用表义清晰的词汇。请参见第 12 章。

Comparative Hierarchiology　比较层级组织学　一项尚待完善的研究。请参见第 7 章。

Competence　胜任　上级判断员工有能力完成层级组织当前职位的工作。请参见第 3 章。

Compulsive Incompetence　强迫性不胜任　高层胜任后的一种表现。请参见"Summit Competence"（高层胜任）词条。

Computerized Incompetence　电脑化不胜任　电脑技术的不恰当应用，或电脑本身固有的不胜任状况。请参见第 15 章。

Convergent Specialization　专攻一点　一种替代技巧。请参见第 13 章。

Cooks　厨子　做肉汤的师傅，有些不胜任。请参见第 8 章。

Co-ordinator　协调人　该员工的任务是，协调不胜任者，使之胜任。请参见第 9 章。

Copelessness　无法应付　员工——通常是管理层——偶尔能理解的一种情

况。请参见第 9 章。

Creative Incompetence 创造性不胜任 假装不胜任，意在防止不必要的晋升。第 14 章。

Deadwood 死木疙瘩 指层级组织中已达到不胜任阶层的员工日益累积。

Distraction Therapy 分心疗法 缓解晋升极限综合征的一种疗法。请参见第 11 章。

Edifice Complex 大厦情结 对建筑物的一种情结。请参见第 12 章。

Einstein, Albert 阿尔伯特·爱因斯坦 数学家，男性时尚的开创者。请参见第 9 章。

Eligible 有资格 合格。任何能圆满履行职责的员工，都有资格获得晋升。

Emotion-laden terms 情感偏向的词语 层级组织学中不应当使用这类词汇。请参见第 9 章。

Ephemeral Administrology 代理主管 一种替代技巧。请参见第 13 章。

Equalitarianism 平等主义 彼得原理适用最普遍、最快捷的一种社会制度。请参见第 7 章。

Exceptions 特例 例外。彼得原理没有例外。

Failure 留级（适用于学生） 请参见"Success"（成功）词条。

Fileophilia 归档狂 一种分类文件的癖好。请参见第 12 章。

Final Placement Syndrome 晋升极限综合征 到达不胜任阶层后产生的病理性症状。请参见第 11 章。

First Commandment 首要戒律 "必须维护等级阶层体制。"请参见第 3 章。

First things first 按部就班 一丝不苟。一种替代技巧。请参见第 13 章。

Free-Floating Apex 自由漂浮的塔尖 空有上级，没有下属。请参见第 3 章。

Funds 资金 彼得教授需要的东西。请参见第 7 章。

Gargantuan Monumentalis 宏大建筑症 巨大的坟场、大型陵园和纪念碑综合征。请参见第 12 章。

General Purpose Conversation 通用讲演稿 一堆无意义的废话。请参见第 12 章。

Good follower 好下属 人们以为好下属就会是好领导：这是谬论。请参见第 6 章。

Heep Syndrome 乌利亚综合征 能表明病人认为自己毫无价值的一系列症状。请参见第 9 章。

Hierarchal Exfoliation 阶层淘汰 抛弃过分胜任和过分不胜任的员工。请参见第 3 章。

Hierarchal Regression 层级组织退化 将不胜任者和胜任者一同晋升所造成的后果。请参见第 15 章。

Hierarchiology 层级组织学 一门社会科学，研究各个层级组织、结构和功能，是所有社会科学的奠基石。

Hierarchy 层级 一种组织形态，其成员或员工按等级、级别或档次高低依次排列。

Hierarchy, Cheopsian or feudal 层级组织 金字塔式组织或封建等级制度。指组织结构呈金字塔型，大量低级员工，只配有少量高级员工。请参见第 8 章。

Hull's Theorem 赫尔理论 "多名贵人的共同提拔，其效果等于每位贵人单独的提拔与贵人数量之积。"请参见第 4 章。

Hypercaninophobia Complex 优势者恐惧情结 当下级显示出强大的领导潜力时，上级所感到的害怕情绪。请参见第 6 章。

Image Replaces Performance 以形象代替表现 一种替代技巧。请参见第 13 章。

Incompetence 不胜任 一种无效量：不胜任加上不胜任，仍等于不胜任。请参见第 10 章。

Input 输入 对层级组织的规定、仪式和书面程序加以维护的活动。请参见第 3 章。

John Q. Diversion 约翰 Q. 式民意调查 不适当地依赖公众观点。请参见第 12 章。

Lateral Arabesque 蔓藤式晋升 一种冒牌晋升：安排一个新头衔，换一个新的工作地点。请参见第 3 章。

Leadership competence　领导才能　不具备晋升的资格。请参见第 6 章。

Level of Competence　胜任阶层　在层级组织中的某一职位上，员工基本能完成预期任务。对该员工来说，这一职位就属于胜任阶层。

Level of Incompetence　不胜任阶层　在层级组织中的某一职位上，员工无法完成预期任务。对该员工来说，这一职位就属于不胜任阶层。

Life-Incompetence Syndrome　生存不胜任综合征　引发挫折感的原因之一。请参见第 8 章。

Maturity Quotient　成熟商数　测量层级组织效率低下的一种方法。请参见第 7 章。

Medical Profession　医学界　对层级组织学持有敌意、戒心重重的一群人。请参见第 11 章。

Meekness　阳奉阴违　创造性不胜任的一种技巧。请参见第 15 章。

Obtain expert advice　征求专家意见　一种替代技巧。请参见第 13 章。

Order　伦常秩序　"上天的第一道法则"：层级组织本能的基础。请参见第 8 章。

Output　产出　有效工作的业绩。请参见第 3 章。

Papyromania　好纸狂　强迫性存积纸张。请参见第 12 章。

Papyrophobia　恐纸症　一种"保持办公桌清洁"的不正常渴望。请参见第 12 章。

Party　政党　选举候选人、竞选政治席位的一种层级组织。请参见第 7 章。

Patron　贵人　在层级组织中，能加快低级职员晋升速度的人。请参见第 4 章。

Percussive Sublimation　冲击式晋升　被"踢上"高层：一种冒牌晋升。请参见第 3 章。

Peter Principle　在层级组织中　每个员工都趋向升到不胜任阶层。

Peter's Bridge　彼得之桥　一项重要的测验：你能打动你的贵人吗？请参见第 4 章。

Peter's Circumambulation　彼得迂回法　迂回或绕过挡路的上级。请参见第 4 章。

Peter's Circumbendibus　一种秘密的迂回（请参见上一词条）。

Peter's Corollary 彼得推论 只要假以时日，层级组织里的每一个职位，都会由无法履行职责的不胜任员工所占据。

Peter's Inversion 彼得反转原理 认为层级组织的内在连续性比效率更重要。请参见第 3 章。

Peter's Invert 适用于彼得反转原理的人 指把手段当成了目的。请参见第 3 章。

Peter's Nuance 彼得细微差异 冒牌成功综合征与晋升极限综合征之间的差别。请参见第 5 章。

Peter's Palliatives 彼得舒缓法 用来缓解不胜任的症状。请参见第 15 章。

Peter's Paradox 彼得悖论 层级组织中的员工并不是真的反对同事的不胜任。请参见第 4 章。

Peter's Parry 彼得躲避法 拒绝晋升（本书不推荐这种做法）。请参见第 14 章。

Peter's Placebo 彼得安慰法 四两形象可拨千斤表现。请参见第 13 章。

Peter's Plateau 彼得高原期 指不胜任级别。

Peter's Prescriptions 彼得药方 治疗个人和世界的不胜任疾病。请参见第 15 章。

Peter's Pretty Pass 彼得窘境 某人的晋升之路受到上级阻碍的情况。请参见第 4 章。

Peter's Prognosis 彼得马后炮 花充分的时间确定需求，直到需求消失。请参见第 13 章。

Peter's Prophylactics 彼得预防法 事前预防好过事后治疗。请参见第 15 章。

Peter's Remedies 彼得疗法 预防整体生存不胜任的方法。请参见第 15 章。

Peter's Spiral 彼得螺旋 由于高层不胜任，组织无法前进、原地转圈。请参见第 10 章。

Peterian Interpretation 彼得历史通论 将层级组织学应用到历史真相或虚构当中。请参见第 15 章。

Phonophilia 通信设备狂 对在工作中使用声音传输和录音设备的反常欲望。请参见第 12 章。

Professional Automatism 职业性机械行为 过分关注形式，忽视结果。请参见第 3 章。

Promotion　晋升　从胜任级别往上升。

Promotion Quotient　晋升商数　用数字来表示晋升潜力。请参见第 13 章。

Protégé　受提拔者　亲信。请参见"Pullee"（被提拔者）词条。

Proto-hierarchiologists　层级组织学建立之前的观察者　对层级组织学说有贡献的作家。请参见第 8 章。

Proverbs　谚语　格言。收藏层级组织学谬误的知识宝库。请参见第 8 章。

Pseudo-Achievement Syndrome　冒牌成功综合征　由于太过奋发进取而导致的一系列身体疾病。请参见第 5 章。

Pull　提拔　员工和某个上级之间的联系（血缘关系、姻亲关系、熟识关系等）。请参见第 4 章。

Pullee　受提拔者　获得提拔的员工。请参见第 4 章。

Random Placement　随机安置　延缓到达不胜任阶层的原因之一。请参见第 9 章。

Rigor Cartis　图表爱好者　对图表有着异乎寻常的兴趣，而忽视图表所代表的现实。请参见第 12 章。

Saints　胜任　不擅传道授业解惑的好人。请参见第 8 章。

Secrecy　保密　提拔的关键。请参见第 5 章。

Seniority Factor　资历因素　反对胜任员工向上升的压力。请参加第 5 章。

Side-Issue Specialization　枝节问题专门化　一种替代技巧。请参见第 13 章。

Socrates Complex　苏格拉底情结　创造性不胜任的一种形式。请参见第 14 章。

Staticmanship　静止法　指及时放弃"心理优势法"。请参见第 8 章。

Study alternate methods　研究备选方案　一种替代技巧。请参见第 13 章。

Substitution　替代法　处于彼得高原期员工的一种救命技巧。请参见第 13 章。

Success　成功　达到不胜任级别的最终安置。请参见第 8 章。

Summit Competence　高层胜任　一种罕见情况。请参见第 9 章。

Super-competence　过分胜任　把工作做得太好：一种危险的特性。请参见第 3 章。

Super-incompetence 过分胜任 完全没有输入和产出：开除的基础。请参见第 3 章。

Super-incumbent 挡路人 你的某个上级达到了不胜任级别，挡住了你的晋升之路。请参见第 4 章。

Tabulatory gigantism 巨型办公桌狂 对大型桌子的迷恋。请参见第 12 章。

Tabulology, abnormal 反常禁忌学 研究办公桌和工作台等的不正常摆设。请参见第 12 章。

Tabulophobia Privata 办公桌恐惧症 不能容忍桌子的存在。请参见第 12 章。

Teeter-Totter Syndrome 优柔寡断综合征 无法做出决定。请参见第 12 章。

Temporary relief 暂时缓解 利用医学治疗晋升极限综合征的结果。请参见第 11 章。

Universal hierarchiology 通用层级组织学 一个尚未开启的研究领域。请参见第 7 章。

Utter Irrelevance 不务正业 一种替代技巧，在商业组织的高层较常见。请参见第 13 章。

彼得·德鲁克全集

序号	书名	序号	书名
1	工业人的未来 The Future of Industrial Man	21 ☆	迈向经济新纪元 Toward the Next Economics and Other Essays
2	公司的概念 Concept of the Corporation	22 ☆	时代变局中的管理者 The Changing World of the Executive
3	新社会 The New Society：The Anatomy of Industrial Order	23	最后的完美世界 The Last of All Possible Worlds
4	管理的实践 The Practice of Management	24	行善的诱惑 The Temptation to Do Good
5	已经发生的未来 Landmarks of Tomorrow：A Report on the New "Post-Modern" World	25	创新与企业家精神 Innovation and Entrepreneurship
6	为成果而管理 Managing for Results	26	管理前沿 The Frontiers of Management
7	卓有成效的管理者 The Effective Executive	27	管理新现实 The New Realities
8 ☆	不连续的时代 The Age of Discontinuity	28	非营利组织的管理 Managing the Non-Profit Organization
9 ☆	面向未来的管理者 Preparing Tomorrow's Business Leaders Today	29	管理未来 Managing for the Future
10 ☆	技术与管理 Technology, Management and Society	30 ☆	生态愿景 The Ecological Vision
11 ☆	人与商业 Men, Ideas, and Politics	31 ☆	知识社会 Post-Capitalist Society
12	管理：使命、责任、实践（实践篇）	32	巨变时代的管理 Managing in a Time of Great Change
13	管理：使命、责任、实践（使命篇）	33	德鲁克看中国与日本：德鲁克对话"日本商业圣手"中内功 Drucker on Asia
14	管理：使命、责任、实践（责任篇）Management: Tasks, Responsibilities, Practices	34	德鲁克论管理 Peter Drucker on the Profession of Management
15	养老金革命 The Pension Fund Revolution	35	21世纪的管理挑战 Management Challenges for the 21st Century
16	人与绩效：德鲁克论管理精华 People and Performance	36	德鲁克管理思想精要 The Essential Drucker
17 ☆	认识管理 An Introductory View of Management	37	下一个社会的管理 Managing in the Next Society
18	德鲁克经典管理案例解析（纪念版）Management Cases(Revised Edition)	38	功能社会：德鲁克自选集 A Functioning Society
19	旁观者：管理大师德鲁克回忆录 Adventures of a Bystander	39 ☆	德鲁克演讲实录 The Drucker Lectures
20	动荡时代的管理 Managing in Turbulent Times	40	管理（原书修订版）Management (Revised Edition)
注：序号有标记的书是新增引进翻译出版的作品		41	卓有成效管理者的实践（纪念版）The Effective Executive in Action

管理人不可不读的经典
"华章经典·管理"丛书

书 名	作者	作者身份
科学管理原理	弗雷德里克·泰勒 Frederick Winslow Taylor	科学管理之父
马斯洛论管理	亚伯拉罕·马斯洛 Abraham H.Maslow	人本主义心理学之父
决策是如何产生的	詹姆斯 G.马奇 James G. March	组织决策研究领域最有贡献的学者
战略管理	H.伊戈尔·安索夫 H. Igor Ansoff	战略管理奠基人
组织与管理	切斯特·巴纳德 Chester I.barnard	系统组织理论创始人
戴明的新经济观 (原书第2版)	W. 爱德华·戴明 W. Edwards Deming	质量管理之父
彼得原理	劳伦斯·彼得 Laurence J.Peter	现代层级组织学的奠基人
工业管理与一般管理	亨利·法约尔 Henri Fayol	现代经营管理之父
Z理论	威廉 大内 William G. Ouchi	Z理论创始人
转危为安	W.爱德华·戴明 William Edwards Deming	质量管理之父
管理行为	赫伯特 A. 西蒙 Herbert A.Simon	诺贝尔经济学奖得主
经理人员的职能	切斯特 I.巴纳德 Chester I.Barnard	系统组织理论创始人
组织	詹姆斯·马奇 James G. March	组织决策研究领域最有贡献的学者
论领导力	詹姆斯·马奇 James G. March	组织决策研究领域最有贡献的学者
福列特论管理	玛丽·帕克·福列特 Mary Parker Follett	管理理论之母

欧洲管理经典 全套精装

欧洲最有影响的管理大师
（奥）弗雷德蒙德·马利克 著

超越极限

如何通过正确的管理方式和良好的自我管理超越个人极限，敢于去尝试一些看似不可能完成的事。

转变：应对复杂新世界的思维方式

在这个巨变的时代，不学会转变，错将是你的常态，这个世界将会残酷惩罚不转变的人。

管理成就生活（原书第2版）

写给那些希望做好管理的人、希望过上高品质的生活的人。不管处在什么职位，人人都要讲管理，出效率，过好生活。

管理：技艺之精髓

帮助管理者和普通员工更加专业、更有成效地完成其职业生涯中各种极具挑战性的任务。

战略：应对复杂新世界的导航仪

制定和实施战略的系统工具，有效帮助组织明确发展方向。

公司策略与公司治理：如何进行自我管理

公司治理的工具箱，帮助企业创建自我管理的良好生态系统。

正确的公司治理:发挥公司监事会的效率应对复杂情况

基于30年的实践与研究，指导企业避免短期行为，打造后劲十足的健康企业。

读者交流QQ群：84565875